Maria Bogade ist freischaffende Illustratorin. Nach ihrem Studium an der HdM in Stuttgart arbeitete sie zunächst im Animationsfilmbereich. Die Liebe zu Pinsel, Stift und Papier zog sie 2011 dann aber ganz in ihren Bann, und seitdem zeichnet sie für Kunden auf der ganzen Welt. Dabei zieren ihre Arbeiten nicht nur Bilderbücher, sondern auch viele andere schöne Produkte wie Spiele, Schokoladentafeln und Grußkarten. Mit ihrer Familie lebt Maria Bogade im Herzen des schwäbischen Waldes, dort, wo Fuchs und Hase sich Gute Nacht sagen.

FSC
www.fsc.org
MIX
Papier aus verantwor-
tungsvollen Quellen
FSC® C002795

Originalausgabe
© 2017 Dressler Verlag GmbH, Poppenbütteler Chaussee 53, 22397 Hamburg
ellermann im Dressler Verlag · Hamburg
Alle Rechte vorbehalten
Einband und farbige Illustrationen von Maria Bogade
Projektmanagement und Lektorat: Simone Hennig, Hamburg
Satz: Sabine Conrad, Bad Nauheim
Druck und Bindung: SIA Livonia Print, Ventspils iela 50, LV-1002 Riga, Latvia
Printed 2017
ISBN 978-3-7707-2501-4

www.ellermann.de

Der große Jahreszeiten Schatz

Mit Geschichten, Liedern und Gedichten
von Kirsten Boie, Cornelia Funke,
James Krüss, Astrid Lindgren,
Paul Maar, Andrea Schütze u.a.

Bilder von Maria Bogade
Herausgegeben von Lea Hirsch

ellermann im Dressler Verlag GmbH · Hamburg

Inhalt

Gedichte, Lieder, Geschichten

Frühling

Ostern

Sommer

Herbst

Winter

Weihnachten

Frühling

Die Tiere feiern Karneval

1. Die Tie-re fei-ern Kar-ne-val, da bleibt kein
Es hüpft ver-gnügt in sei-nem Stall und grunzt: Heut

Schwein zu Haus. **Fine** Das Pferd kommt sich als Tromm-ler
geh ich aus!

vor und schlägt ra-bum, ra-bum, mit sei-nem Huf ans

Scheu-nen-tor. Das kracht und fällt gleich um **D.C.**

2. Das Kaugummi schmeckt unsrer Kuh.
Sie bläst es auf, ganz prall.
Der Ochs hält sich die Ohren zu
und brüllt: »Die hat 'nen Knall!«

3. Der Hahn, der heut ein Popstar ist,
übt seinen Supersong.
Die Hühner gackern: »So ein Mist,
jetzt hat er einen Gong!«

4. Die Maus gibt sich heut ganz verrückt
mit Rock und lila Schwanz.
Sogar das Nilpferd ist verzückt
und bittet sie zum Tanz.

5. Der Hund verträgt sich mit der Katz,
der Affe mit dem Floh.
Der Elefant hüpft um den Spatz
und wackelt mit dem Po.

6. Der Esel schaut verwundert drein
und spricht: »Wie seid ihr dumm!
Ein Esel müsste ich schon sein,
trieb ich mich mit euch rum!«

Anja Fröhlich
Auf Schloss Schweinstein quiekt's!

Endlich ist Karneval! Und ausgerechnet heute hat Karl Geburtstag. Das bedeutet, dass ausgerechnet heute Karline schlechte Laune hat. Sie hat sogar die schlechteste Laune der Welt. Weil Karl schon sieben wird und Karline immer noch fünf bleiben muss. Aber damit nicht genug! Karl will im Kinderzimmer eine Ritterparty feiern und hat nur Jungen eingeladen. Wenn Karline zu Karneval Geburtstag hätte, würde sie eine Prinzessinnenparty feiern. Aber sie hat erst in 220 Tagen Geburtstag. Bis dahin ist sie ja schon eine Oma und keine Prinzessin mehr! Und Karneval ist dann auch schon längst vorbei.

Das Alleroberstegemeinste ist: Karline darf nicht mitfeiern. Weil sie nur mickrige fünf Jahre alt ist. Und weil sie angeblich eine Heulsuse ist und kein Ritter. Das alles hat Karl behauptet. Und darum will er das Kinderzimmer heute ganz für sich alleine haben. Auch Karlines Hälfte, die er sonst jeden Morgen mit einem Kreidestrich auf dem Teppich von seinem Teil des Zimmers abtrennt.

Mama nimmt Karline beiseite und sagt: »Komm mal her, Miss Leberwurst! Ritter sind doch sowieso nichts für dich. Zieh dein Prinzessinnenkostüm an und geh rüber zu Lisa. Lisas Papa nimmt euch zum Straßenkarneval mit.«

Da wird Karline erst recht sauer. Auch Mama will sie also loswerden. Karlines Hals wird ganz dick vor Wut.

»Ich habe Halsweh und gehöre in meine Bett«, protestiert Karline. Sie muss aufpassen, dass sie nicht anfängt zu weinen, damit Karl sie nicht wieder Heulsuse nennt. Denn darf auch Prinzessin Karline ein Stück Kuchen mit den Händen essen und einen leeren Becher hinter sich pfeffern.

»Was machen eigentlich deine Halsschmerzen?«, fragt Mama, als alle Kinder wieder weg sind und sie abgekämpft beim Abendbrot sitzen. Karline schluckt ein paarmal. Fühlt sich eigentlich ganz normal an. »Schon ein bisschen besser«, behauptet sie. »Von einem zweiten Eis würden sie ganz weggehen.«

Alle Vögel sind schon da

1. Al – le Vö – gel sind schon da, al – le Vö – gel, al – le!

Welch ein Sin – gen, Mu – si – ziern, Pfei – fen, Zwit – schern, Ti – ri – liern!

Früh – ling will nun ein – mar – schiern, kommt mit Sang und Schal – le.

2. Wie sie alle lustig sind,
flink und froh sich regen!
Amsel, Drossel, Fink und Star
und die ganze Vogelschar
wünschen uns ein frohes Jahr,
lauter Heil und Segen.

3. Was sie uns verkünden nun,
nehmen wir zu Herzen:
Wir auch wollen lustig sein,
lustig wie die Vögelein,
hier und dort, feldaus, feldein
singen, springen, scherzen!

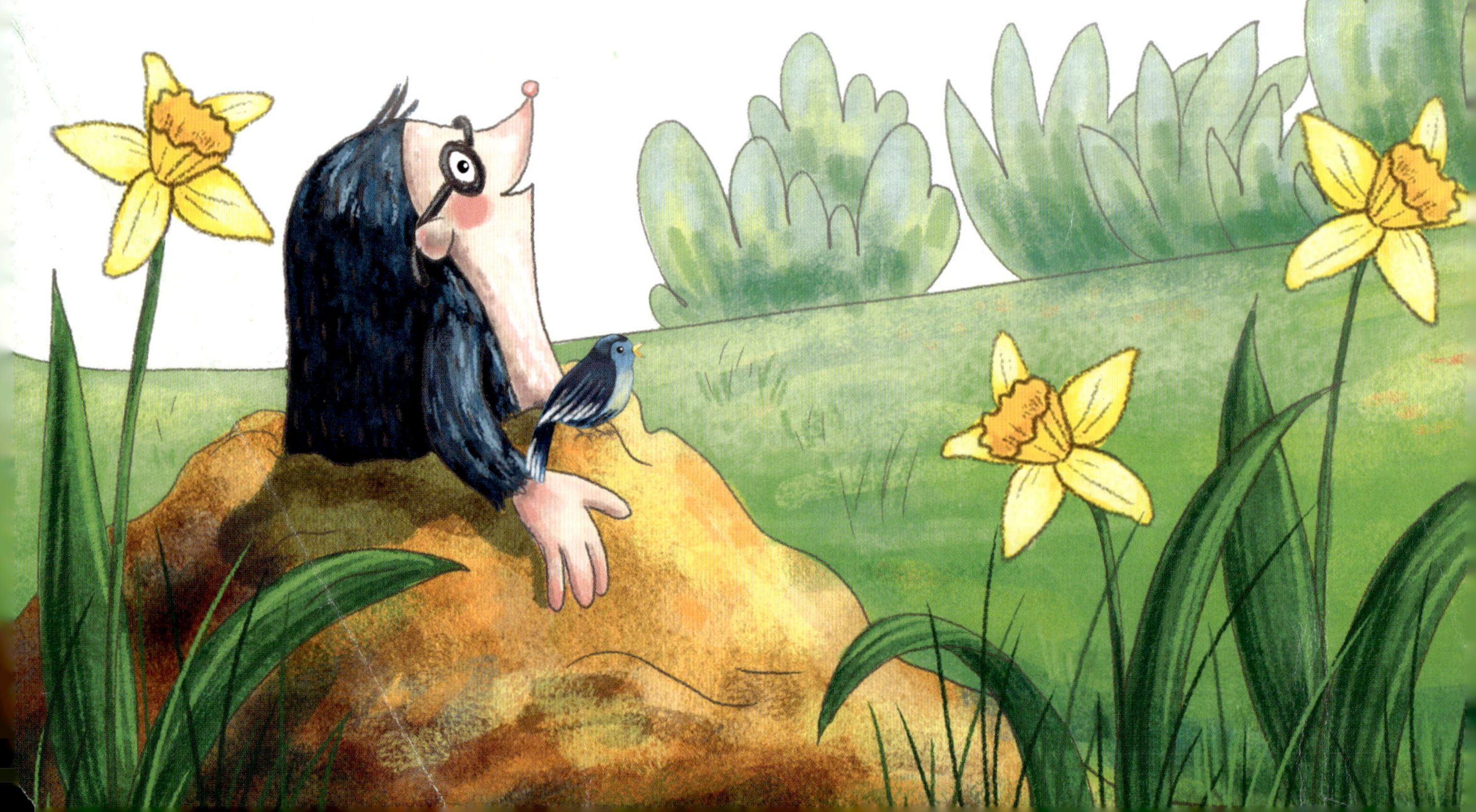

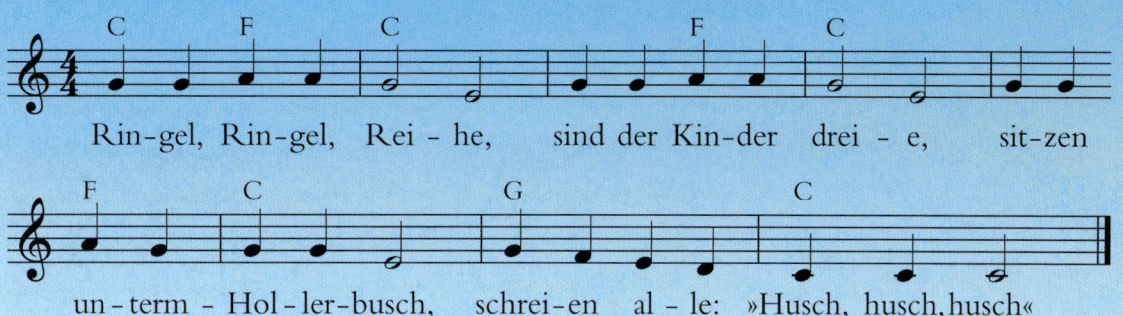

Ringel, Ringel, Reihe

C F C F C
Rin-gel, Rin-gel, Rei - he, sind der Kin-der drei - e, sit-zen
F C G C
un-term - Hol-ler-busch, schrei-en al - le: »Husch, husch, husch«

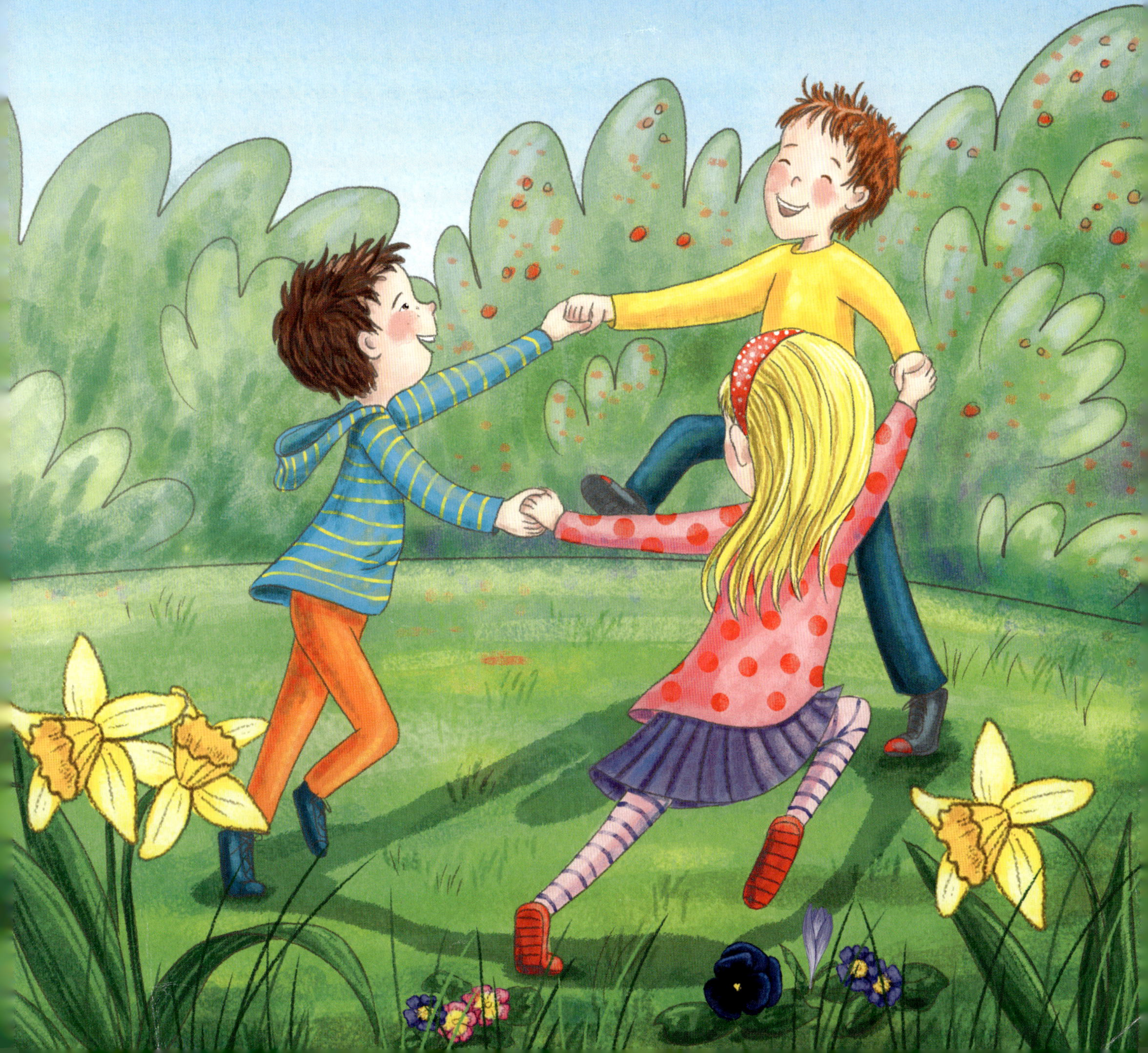

Ann-Katrin Heger
Der Frühlingszauber

Seit einer Woche und drei Tagen flogen im Haus der vier Jahreszeiten-Feen die Fetzen. Nicht, weil sie sich stritten – nein, nein.

Im Zimmer von Primavera, der Frühlingsfee, zischte, brodelte und knallte es. Manchmal qualmte schwarzer Rauch aus Tür und Fenstern, manchmal war es auch weißer. Und ab und zu stieg sogar Rauch mit glitzernden Sternen und bunten Blasen auf. Wenn das passierte, schimpfte Primavera nicht *sofort* los, sondern erst, *nachdem* sie dem Glitzernebel nachgesehen hatte.

Primavera war verzweifelt. Die richtige Mischung des Feenstaubs, den sie für den Frühlingszauber so dringend brauchte, wollte ihr dieses Jahr einfach nicht gelingen.

Die drei anderen Feen machten sich ernsthafte Sorgen um ihre Feenfreundin.

»Dieses Jahr fällt der Frühling aus«, sagte Primavera am nächsten Morgen beim Frühstück. »Irgendwas stimmt nicht. Der Feenstaub explodiert immer, wenn ich ihn umrühre.«

Missmutig ließ sie ihren Löffel in den Kakao plumpsen. Die Schokomilch spritzte in alle Richtungen. Smilla, die Winterfee, hatte plötzlich überall braune Punkte im Gesicht.

»Schön, deine neuen Sommersprossen«, sagte Sommerfee Sunny und lachte. »Besser hätte ich die auch nicht hinbekommen!«

»Sehr witzig«, sagte Primavera. »Ihr habt es

gut. Ihr seid ja auch nicht dran mit eurem Jahreszeitenzauber. Und ihr habt es Jahr für Jahr immer gut hinbekommen … Ihr seid sogar noch besser geworden.«

Neidisch schielte sie auf die vielen Urkunden, die an der Wand hingen. Smilla war schon einige Male für ihren besonders schneemanntauglichen Schnee ausgezeichnet worden. Marone, die Herbstfee, hatte einen Preis für ihren Drachenwind bekommen, und Sunny machte die herrlich erfrischenden Sommergewitter nach einem heißen Tag.

Nur Primavera hatte noch nie eine Urkunde erhalten. Immerhin hatte sie es bisher jedes Jahr geschafft, den Frühling auszulösen. Doch dieses Jahr schien ihr nicht einmal *das* zu gelingen.

»Wenn das so weitergeht, muss ich kündigen«, sagte sie traurig.

Smilla nahm Primavera in den Arm. »Ach, red doch keinen Unsinn«, tröstete sie die kleine Frühlingsfee. »Ich bin sicher, in ein paar Tagen ist dein Frühlingszauber einsatzbereit!«

Primavera schluchzte. »Es tut mir so leid«, flüsterte sie in Smillas Ohr. »Ich weiß, du kannst nicht zur diesjährigen Schneeflockenparty fahren, wenn der Frühling nicht bald kommt.«

»Schon gut, Primchen«, antwortete Smilla. »Du machst das doch nicht absichtlich. Ich halte schon noch ein bisschen durch. Dieses Jahr dürfen die Kinder eben bis in den März hinein Schlitten fahren!«

Primavera sah Smilla dankbar an. Dann ging sie mit gesenktem Kopf in ihr Zimmer zurück. »Ich übe dann mal weiter«, murmelte sie und schloss die Tür hinter sich.

Die anderen Feen sahen sich an.

»Wir müssen ihr helfen«, sagte Marone. »So kann das nicht weitergehen. Habt ihr eine Idee, warum ihr Feenstaub dieses Jahr nicht funktioniert?«

»Mhm«, überlegte Sunny. »Ich denke mir immer eine besondere

Überraschung für die Jahreszeit aus. Letztes Jahr habe ich etwas mehr Blumensamen dazugetan, und das hat den Sommer besonders bunt gemacht!«

»Und gut gerochen hat er auch«, erinnerte sich Smilla.

»Ich verändere auch immer eine Zutat«, sagte Marone. »Du auch, Smilla?«

Smilla nickte. »Ja, das Rezept ist nie das gleiche«, sagte sie. »Möglicherweise fehlt Primavera eine neue Zutat.«

»Aber welche Zutat das ist, das muss Primavera selbst herausfinden«, sagte Marone.

Die drei Feen nippten an ihrem Kakao.

»Ich hab eine Idee!«, rief Sunny. »Was haltet ihr davon, wenn wir ein Frühlingsfest feiern? Das bringt Primavera sicher auf andere Gedanken.«

»Ja, das klingt gut!«, sagten Marone und Smilla gleichzeitig und mussten kichern.

»Ich verstehe leider nicht viel vom Frühling«, sagte Sunny. »Los, überlegt mal, was fällt euch zum Frühling ein?«

Die beiden Feen dachten angestrengt nach.

»Draußen sein, die ersten Blumen, Sonnenstrahlen …«, überlegte Marone.

»Schokoladenosterhasen und bunt bemalte Eier im Gras suchen und der Duft von nasser Erde«, ergänzte Smilla.

Sunny lachte. »Prima, das ist doch schon eine ganze Menge«, sagte sie. »Und zum Essen gibt es Frühlingsrollen mit Frühlingsquark.«

»Au ja, und vorher schlürfen wir Frühlingssuppe«, rief Marone begeistert. Sofort begannen die drei Jahreszeiten-Feen mit den Vorbereitungen.

Smilla guckte in ihre Süßigkeitenschublade und schimpfte: »Mist, es gibt keine Schoko-Hasen, sondern nur Schoko-Nikoläuse. War ja klar! Na, dann nehmen wir halt die.«

Und weil draußen noch tiefer Schnee lag, versteckte sie die Oster-Nikoläuse lieber in den Zimmern.

Sunny schleppte alle Blumentöpfe in die Küche und goss die Pflanzen ausgiebig. Bald breitete sich überall der Geruch von feuchter Erde aus.

Marone holte alle Lampen, die sie finden konnte, und machte eine Sonnenstrahlen-Festbeleuchtung für den Topfpflanzen-Dschungel.

Als Letztes legte Smilla eine Packung Tiefkühlfrühlingsrollen in den Ofen und rührte den Quark an, während die Suppe schon auf dem Herd köchelte.

Jetzt fehlte nur noch Primavera.

Sunny klopfte an ihre Tür. In diesem Augenblick knallte es im Inneren. Vorsichtig öffnete Sunny. Der schwarze Rauch war so dicht, dass

Sunny die kleine Frühlingsfee erst gar nicht sehen konnte. Sie hielt sich die Hand vor den Mund und hustete: »Primchen? Lass doch mal gut sein mit deinen Versuchen. Wir haben eine Überraschung für dich!«

Primavera kam näher, das Gesicht rußverschmiert. »Was ist es denn? Ich hab eh keine Lust mehr rumzuprobieren!«, sagte sie.

»Dann komm«, meinte Sunny geheimnisvoll.

Als Primavera die Küche betrat, richtete Marone eine der Lampen genau auf ihr Gesicht. »Möge die Frühlingssonne von nun an mit dir sein!«, rief sie.

Smilla hielt Primavera einen Blumentopf unter die Nase. »Möge dich der Duft weicher, nasser Erde an schmelzenden Schnee und die ersten Blumen erinnern«, sagte sie feierlich.

»Und mögen dir die Frühlingsrollen den hungrigen Bauch füllen«, sagte Sunny.

Primavera lachte. »Ihr seid die Besten, wirklich. Ich muss zugeben, meine schlechte Laune ist wie weggeblasen!«

Die drei Feen freuten sich, dass ihre Überraschung so gut geklappt hatte.

Sunny klatschte in die Hände. »Bevor wir essen, suchen wir die Oster-schoko-Nikoläuse. Wir brauchen schließlich einen Nachtisch!«, juchzte sie und stürmte los.

Das ließ sich Primavera nicht zweimal sagen und jagte ihr hinterher. Innerhalb kürzester Zeit hatte sie zwei Nikoläuse gefunden! Stolz hielt sie ihre Beute hoch und jubelte: »Ich hab sie! Leckere Oster-Nikoläuse!«

Ausgelassen tanzte sie mit ihnen in ihr Zimmer und um den großen Kessel mit dem Feenstaub herum. Und noch einmal. Und noch einmal. Dreimal umkreiste sie den Kessel.

Plötzlich stiegen bunte Blasen daraus hervor. Dann zischte es, und silberne Sterne tanzten überall im Zimmer umher.

»Hu, was ist denn jetzt los?«, rief Primavera erschrocken. »Schnell, kommt her!« Sunny, Marone und Smilla stürzten in Primaveras Zimmer und guckten neugierig in den Kessel.

»Tja, sieht so aus, als ob der Feenstaub fertig ist«, sagte Sunny fröhlich.

Primavera sah ihre Freundinnen ratlos an. »Aber, wie ist das möglich?«, fragte sie verdattert.

»Offensichtlich hast du die fehlende Zutat hineingetan«, antwortete Marone.

Primavera schüttelte den Kopf. »Das kann gar nicht sein. Ich habe nichts dazugetan«, murmelte sie und starrte ungläubig auf den rosafarbenen, funkelnden Staub im Kessel.

Smilla lachte. »Doch, du hast etwas dazugemischt. Auch wenn du es nicht gemerkt hast: Spaß! Und gute Laune!«

Primaveras Augen begannen zu leuchten. »Du hast recht! Ein Frühlingszauber, der mit dunklen Gedanken gemischt wurde. Das konnte nicht klappen! Morgen, das verspreche ich euch, wird es endlich Frühling!«

Das Samenkorn

Ein Samenkorn lag auf dem Rücken,
die Amsel wollte es zerpicken.
Aus Mitleid hat sie es verschont
und wurde dafür reich belohnt.
Das Korn, das auf der Erde lag,
das wuchs und wuchs von Tag zu Tag.
Jetzt ist es schon ein hoher Baum
und trägt ein Nest aus weichem Flaum.
Die Amsel hat das Nest erbaut;
dort sitzt sie nun und zwitschert laut.
– Joachim Ringelnatz –

Die Frösche

Ein großer Teich war zugefroren;
die Fröschlein, in der Tiefe verloren,
durften nicht ferner quaken noch springen,
versprachen sich aber im halben Traum,
fänden sie nur da oben Raum,
wie Nachtigallen wollten sie singen.
Der Tauwind kam, das Eis zerschmolz,
nun ruderten sie und landeten stolz
und saßen am Ufer weit und breit
und quakten wie vor alter Zeit.
– Johann Wolfgang von Goethe –

Die Tulpe

Dunkel
war alles und Nacht.
In der Erde tief
die Zwiebel schlief,
die braune.
Was ist das für ein Gemunkel,
was ist das für ein Geraune,
dachte die Zwiebel,
plötzlich erwacht.
Was singen die Vögel da droben
und jauchzen und toben?
Von Neugier gepackt,
hat die Zwiebel einen langen Hals gemacht
und um sich geblickt
mit einem hübschen Tulpengesicht.
Da hat ihr der Frühling entgegengelacht.
– *Josef Guggenmos* –

Jan David Talleur
Pia macht den Frühling

Pia schaute auf das Wasserglas, das auf dem Tisch stand. Grüne und blaue Schlieren waren im Wasser zu sehen. Noch einmal tauchte Pia den Pinsel hinein und beobachtete, wie sich die Farben im Wasserglas vermischten. Genauso war der Frühling, dachte sie. Bunt, alles schön bunt, wie eine Tüte Gummibärchen.

Pia sah auf ihr Bild. Einen blauen Himmel und eine grüne Wiese hatte sie gemalt. Sie schaute aus dem Fenster hinaus in den Garten. Der Schnee war weggeschmolzen. Aber irgendwie war es draußen nicht grün, jedenfalls nicht so schön grün wie die Wiese auf ihrem Bild. Das Gras war eher grau. Genauso grau wie der Himmel, der auch nicht so schön blau war, wie Pia ihn gemalt hatte.

Sie seufzte. Es sah draußen aus wie Winter, und es roch auch nach Winter. Der Frühling war noch nicht zu spüren. Pia guckte wieder auf ihr Bild. Dann rührte sie mit dem Pinsel in der gelben Farbe ihres Tuschkastens und malte eine große, strahlende Sonne in die Ecke des Blattes. Hell wurde es, warm wurde es.

»Ich bin die Frühlingsfee«, jubelte Pia, als die Sonne zaghaft durch die Scheibe ihres Kinderzimmerfensters schien. Sie sprang auf und rannte zu ihrem Kleiderschrank. Wo hat Mama nur das Prinzessinnenkleid hingehängt?, überlegte sie. Da war es! Den ganzen Winter über durfte Pia das Kleid nicht anziehen. Aber jetzt hatte sie den Frühling gemacht, jetzt wollte sie auch wie die Frühlingsfee aussehen. Pia zog sich das Kleid an und die roten Lackschuhe, die sie zum Geburtstag bekommen hatte.

»Jetzt bin ich die richtige Frühlingsfee!«, rief Pia und betrachtete sich im Spiegel.

Dann setzte sie sich schnell wieder an ihren Tisch, um weiterzumalen. Pia dachte kurz nach. Was gehörte noch zum Frühling?

»Vögel!«, rief sie. »Im Frühling zwitschern immer die Vögel!«

Sie malte einen Vogel mit rotem Schnabel und roter Brust in das Bild. Und dann noch einen mit gelbem Schnabel und gelben Flügeln. Dann lauschte sie.

Und tatsächlich, im Garten vor ihrem Fenster hörte sie die Vögel laut zwitschern.

Schnell malte Pia einen Baum, damit die Vögel auch einen Platz zum Landen hatten.

»Du bist ein Kirschbaum!«, sagte Pia und malte noch viele weiße Blüten zwischen die grünen Blätter. Und dann malte sie noch ein Nest für die Vögel, dort konnten sie bequem wohnen.

»Bienen!« Auch die musste Pia malen. Bienen waren wichtig dafür, dass aus den Blüten später viele rote Kirschen werden konnten. Bienen waren schwierig zu malen, weil sie so klein sind.

Pia malte auch noch Blumen. Tulpen, Narzissen, Krokusse und viele andere bunte Blüten tupfte sie auf die Wiese. Die Bienen mussten ja auch Nektar sammeln können.

Und dann roch Pia plötzlich den Frühling. Es duftete in ihrem Zimmer nach Blumen und nach Gras. Sie konnte sogar den warmen Wind riechen, der die Blüten im Kirschbaum sanft umspielte. Und Pia malte und malte den Frühling herbei. Sie malte gelbe Schmetterlinge, die in der Frühlingsluft herumgaukelten.

Die weiße Katze miaute, als sie sich in der Sonne rekelte, und war froh, dass sie nicht mehr durch Schnee und Matsch stiefeln musste.

Zufrieden lehnte Pia sich in ihrem Stuhl zurück. Alle waren glücklich, dass der Winter vorüber war, und freuten sich, dass Pia Frühlingsfee endlich den Frühling gemacht hatte.

»Was machst du denn hier?«, fragte sie, als es plötzlich auf ihrem Arm kribbelte und krabbelte. »Du musst doch raus zu den anderen!«

Vorsichtig trug Pia den gelben Schmetterling, der sich auf ihren Arm gesetzt hatte, zum Fenster und ließ ihn in den jungen Frühling fliegen.

Anne Ameling

Ein Schatz für den Schmatz

»Lasst mich bloß in Ruhe!«, brüllt der Schmatz. »Erzählt mir jetzt bloß nicht, dass draußen der Frühling wartet!«

Der Erdmuff und der Lilienknilch schauen betreten zu Boden. Im Winter teilen sie sich mit dem Schmatz eine Schlafhöhle. Die ist kuschelig und warm. Zu dritt können sie so die kalte Jahreszeit prima verschlafen. Doch jetzt ist der Winter vorbei. Der Erdmuff und der Lilienknilch haben den Schmatz vorsichtig geweckt. Und wie jedes Jahr macht er ein Riesentheater! Ein Frühlingsmuffel, genau das ist er, der Schmatz.

»Pfui!«, meckert er. »Singende Elfen, stinkende Blumen und durchgedrehte Schmetterlinge! Frühling ist doof!«

»Aber die Vogel zwitschern, die Sonne scheint …«, beginnt der Lilienknilch.

»Na toll, dann verlier ich mein Winterfell, und es juckt überall«, mault der Schmatz. Absolut gar nichts Gutes kann er am Frühling finden.

Der Erdmuff seufzt. Er hat genug von der Schimpferei. »Lilienknilch, ich will endlich raus«, sagt er. »Lass uns gehen!«

Er stapft aus der Höhle hinaus. Der Lilienknilch folgt ihm. Von drinnen hören sie den Schmatz weiterschimpfen: »Vogelgezwitscher! Davon krieg ich Kopfbrummen, jawohl!«

»Was machen wir nur?«, fragt der Lilienknilch. »Im letzten Jahr saß er bis zum Sommer da drin!«

Der Erdmuff zuckt mit den Schultern. »Bei dem kann man nichts machen«, sagt er.

Doch so leicht gibt der Lilienknilch nicht auf. Schließlich geht es um ihren Freund. »Wir müssen ihn hinauslocken, irgendwie«, sagt er.

31

Der Erdmuff nickt nachdenklich. Die beiden tuscheln eine ganze Weile. Dann eilen sie in verschiedene Richtungen davon. Als sie wieder zurückkommen, sind sie ganz außer Atem.

»Und?«, fragt der Lilienknilch.

Der Erdmuff grinst. »Alles erledigt!«

Die beiden kriechen zurück in ihre Höhle. Der Schmatz starrt sie finster an. »Ihr braucht mich gar nicht fragen, ob ich rauskomme. Tu ich nicht!«, sagt er.

»Schon gut«, sagt der Lilienknilch und seufzt ganz tief. Dann dreht er sich zum Erdmuff um. »Schade, dass wir die Schatzkarte nicht verstehen.«

Der Erdmuff seufzt noch tiefer. »Ja, ein ganzer Wintervorrat Bucheckern entgeht uns!«

»Bucheckern?«, fragt der Schmatz. Er liebt Bucheckern. Das Wasser läuft ihm im Mund zusammen. Wie geplant!

Der Erdmuff sieht den Schmatz verschwörerisch an. »Das Eichhörnchen hat die Karte für sein Buchecker-Versteck vom letzten Winter verloren, und wir haben sie gefunden«, erklärt er.

»Zeigt mal!«, sagt der Schmatz.

Der Lilienknilch zieht ein Stück bemalter Baumrinde hervor. Er deutet auf ein rotes Kreuz. »Wo ist das nur?«, fragt er scheinbar ratlos.

»Ha!«, ruft der Schmatz. »Die krumme Eiche! Dass ihr die nicht erkennt! Da übe ich im Herbst immer Blättersegeln. Ich bring euch hin!«

»Ich dachte, du willst nicht raus«, sagt der Erdmuff mit unschuldigem Blick.

Der Schmatz wackelt unsicher mit dem Kopf. »Na ja …«

Der Lilienknilch hält einen kleinen gegabelten Ast und zwei Knödel Schafswolle hoch. Den Ast steckt er dem Schmatz auf die Nase und die Wolle in seine Ohren.

»Das ist ein Eins-a-Frühlingsschutz«, sagt der Lilienknilch.

»Hä?«, brüllt der Schmatz. »Super! Das ist ja ein Eins-a-Frühlings-schutz! Mir nach!«

So verlässt der Schmatz also doch noch die Höhle. Er marschiert schnurstracks über die große Blumenwiese zur krummen Eiche. Ein letzter Blick auf die Karte, dann brüllt er: »Erdmuff, hier musst du graben!«

Das geht schnell. Denn der Erdmuff hat die Bucheckern ja eben erst hier verscharrt. Für hundert frische Blaubeeren im Sommer hat er dem Eichhörnchen die Bucheckern-Reste vom Wintervorrat abgeschwatzt. Erdmuff-Ehrenwort als Garantie.

Beim Anblick der Bucheckern nimmt der Schmatz seinen Nasenschutz ab und schnuppert.

Der Lilienknilch lacht verschmitzt und zieht das Wollbüschel aus dem linken Schmatz-Ohr.

»Machen wir ein Picknick?«, fragt er.

»Oh ja!«, ruft der Schmatz.

Plumps, da liegt er schon im weichen Gras. Die Sonne scheint warm auf seinen Bauch. Über ihm zwitschert ein Vogel. Klingt eigentlich ganz hübsch. Es fühlt sich gar nicht mal so übel an hier draußen. Schmatzend schmaust der Schmatz den Bucheckern-Schatz. Nach der fünften Buchecker sagt er endlich wohlig seufzend: »Hach, Frühling ist doch wunderbar!«

Has', Has', Osterhas'

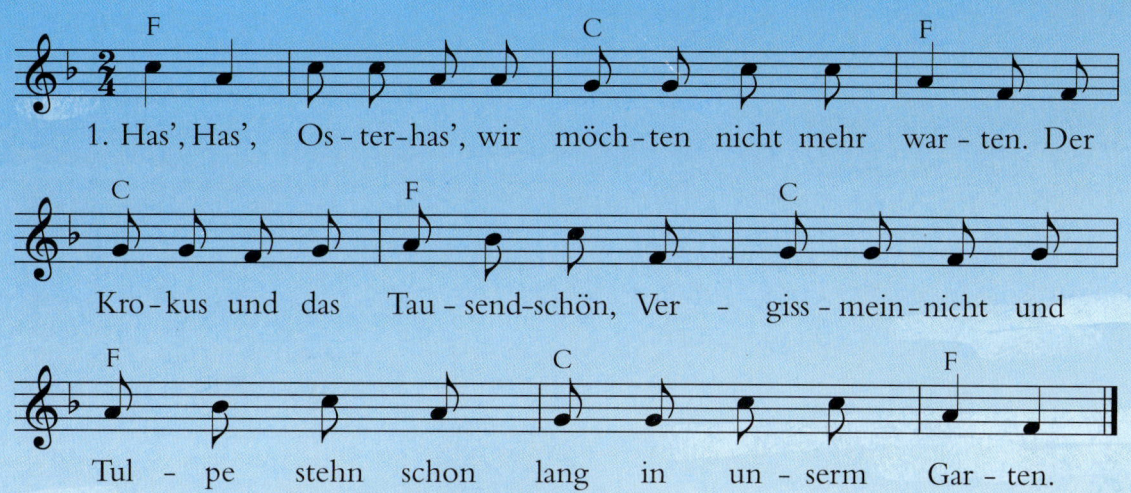

F C F
1. Has', Has', Os – ter–has', wir möch – ten nicht mehr war – ten. Der
C F C
Kro – kus und das Tau – send–schön, Ver – giss – mein – nicht und
F C F
Tul – pe stehn schon lang in un – serm Gar – ten.

2. Has', Has', Osterhas',
mit deinen bunten Eiern!
Der Star lugt aus dem Kasten raus,
Blühkätzchen sitzen um sein Haus.
Wann kannst du Frühling feiern?

3. Has', Has', Osterhas',
ich wünsche mir das Beste:
Ein großes Ei, ein kleines Ei,
dazu ein lustig Didldumdei.
Und alles in dem Neste.

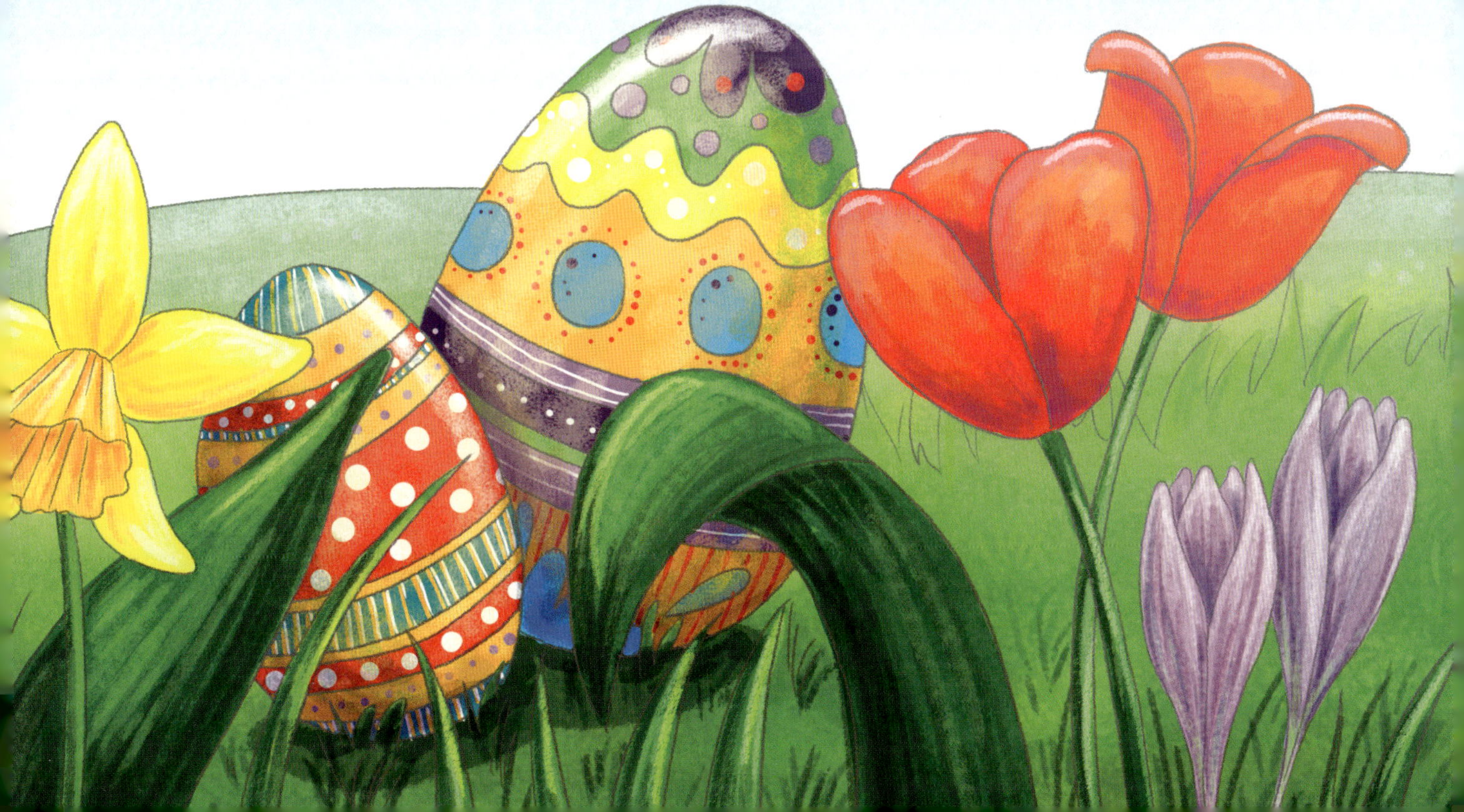

Maren von Klitzing
Der Frühlingsbote

Drei Tage vor Ostern begann es zu schneien. Magnus schaute aus dem Fenster, und seine Laune sank auf den Tiefpunkt. Dicke Flocken fielen vom Himmel, und ein kalter Wind pfiff ums Haus. Eine Schneedecke hatte sich auf den Boden gelegt. Selbst die Sandkiste war zugeschneit. Dabei war Ostern doch ein Frühlingsfest! Jedes Jahr hoppelte der Osterhase über den grünen Rasen und versteckte Schokoladeneier zwischen blühenden Blumen. Doch nun sah es draußen eher nach Weihnachten aus!

Der arme Osterhase, dachte Magnus. Er würde im Schnee stecken bleiben und kalte Pfoten kriegen. Und die Ostereier? Magnus wagte kaum daran zu denken. Die Ostereier würden einschneien und am Ende vom Schnee verschluckt werden. Er und seine Schwester Lotta würden kein einziges finden. Da wurde Magnus richtig wütend auf den Schnee.

»Du, Magnus«, rief Lotta, als sie den Kopf ins Zimmer steckte. »Wollen wir draußen einen Schneemann bauen?«

»Nö, ich will nicht in den blöden Schnee«, sagte Magnus. »Und der Osterhase bestimmt auch nicht.«

»Ha, ha, der Osterhase kommt doch gar nicht, wenn es schneit«, sagte Lotta. »Der macht Winterschlaf wie der Igel und der Siebenschläfer.«

Darüber musste Magnus nachdenken. Er hatte noch nie gehört, dass Hasen im Winter schlafen. Andererseits hatte er auch noch nie ein Osterfest im Schnee erlebt. Es war eigentlich immer warm gewesen. Die Sonne hatte geschienen, Bienen waren umhergesummt, und einmal waren sogar die Ostereier ganz weich geworden, wegen der Hitze.

»Wenn der Osterhase nicht kommt, gibt's auch keine Ostereier«, sagte Magnus.

»Manno.« Lotta stampfte mit dem Fuß auf. »Dann finde ich den Schnee jetzt auch blöd.«

Eine Zeit lang schauten Lotta und Magnus den wirbelnden Flocken zu. Was sollten sie nur tun? Schließlich hatte Lotta eine Idee.

»Wir machen den Schnee einfach weg«, sagte sie. »Dann kommt der Osterhase bestimmt.«

»Und wie willst du das anstellen?«, fragte Magnus.

»Wir schmelzen den Schnee. Das haben wir im Kindergarten auch schon gemacht«, sagte Lotta. »Der Schnee kommt in einen Topf und wird auf dem Herd warm gemacht. Am Ende ist vom Schnee nur eine Pfütze übrig.«

Magnus lächelte. »Das ist echt gut«, sagte er, und auf einmal konnte er es kaum erwarten, in den Garten zu kommen.

Magnus und Lotta zogen ihre Schneeanzüge an und sagten Mama Bescheid.

»Vergesst nicht, eure Mützen aufzusetzen«, sagte sie. »Ich möchte nicht, dass ihr euch erkältet.«

Im Garten füllten Magnus und Lotta einen Eimer mit Schnee. Als nichts mehr hineinpasste, trugen sie ihn in die Küche. Magnus kramte einen Topf aus dem Schrank.

»Wir dürfen den Herd nicht alleine anmachen, das hat Mama gesagt«, meinte Lotta.

Magnus überlegte. »Dann kommt der Schnee eben in die Spüle, das geht auch«, sagte er.

Gemeinsam kippten Lotta und Magnus den Eimer in das Spülbecken. Danach gingen sie mit dem leeren Eimer zurück in den Garten. Sie füllten ihn ein zweites Mal und ein drittes Mal. Doch obwohl der Eimer immer randvoll mit Schnee war, blieb es im Garten nach wie vor weiß. Es fiel immer mehr Schnee, und der deckte die freien Flächen schnell

wieder zu. Magnus seufzte. So viel Schnee konnten sie niemals schmelzen.

»Was ist denn mit euch los?«, fragte Mama, als sie die traurigen Gesichter von Lotta und Magnus sah.

»Wir wollten den Schnee wegmachen«, sagte Lotta. »Damit es wieder grün wird.«

»Und damit der Osterhase kommt«, sagte Magnus und sah dabei ganz durchgefroren aus. »Aber wir schaffen das nicht. Es schneit viel zu doll.« Magnus' Augen füllten sich mit Tränen. »Und jetzt kann der Osterhase nicht kommen.«

»Wartet, ich zeige euch was«, sagte Mama. Sie zog sich ihre Stiefel und den Mantel an und ging mit Magnus und Lotta zu einem schneebedeckten Beet.

»Seht ihr das?«, fragte sie.

Eine kleine Pflanze schaute aus der Schneedecke heraus. Sie hatte schmale grüne Blätter und eine kleine weiße Blüte.

»Das ist ein Schneeglöckchen«, erklärte Mama. »Und obwohl es so kalt ist, konnte es wachsen und ist nun aus der Erde gekommen.«

Magnus und Lotta bückten sich, um die Blume besser betrachten zu können.

»Das Schneeglöckchen ist ein Frühlingsbote«, sagte Mama. »Wenn ihr eins entdeckt, kommt bald der Frühling, selbst wenn es noch so sehr schneit. Und genauso ist es mit dem Osterhasen. Auch er ist ein Frühlingsbote, und er wird pünktlich zu Ostern vorbeischauen.«

Da waren Magnus und Lotta aber froh!

Zusammen mit Mama gingen sie zurück ins Haus. Der Schnee störte sie nicht mehr. Sie wussten jetzt, dass sich alle Pflanzen und auch der Osterhase auf den Frühling vorbereiteten.

Und tatsächlich: Bald hörte es auf zu schneien, und immer mehr Vögel zwitscherten morgens ihr Lied.

Ostern wurde es warm, und die Sonnenstrahlen schmolzen den Schnee. Der Rasen wurde wieder grün, und nur auf den Wegen blieben noch ein paar Pfützen zurück. Im Garten fanden Magnus und Lotta viele, viele Ostereier. Da wussten sie, dass der Frühling begonnen hatte.

Barbara Rose

Genau so muss Ostern sein!

Bennet sitzt im Zug und schmollt. Seit zehn Minuten starrt er nach draußen, sagt keinen Ton und schiebt sich nur ab und zu ein Gummibärchen in den Mund. Froschgrüne Wiesen, weiße Wattewolken und Schafherden ziehen vor dem Fenster vorbei. Bennet beachtet sie nicht.

»Bist du stinkig?« Leni baumelt mit den Beinen und sieht ihren Bruder neugierig an.

»Aber voll!«, sagt Bennet und stöhnt. »Ich will nicht zu Tante Beeke. Da ist es bestimmt total doof und langweilig und … überhaupt!«

Leni drückt ihren Teddy an sich. »Warum?«

»Mensch, du nervst!« Bennet verschränkt die Arme. »Tante Beeke wohnt am Ende der Welt. Und sie hat noch nicht mal einen Fernseher, hat Mama gesagt. Voll öde!«

Bennet und Leni sollen die Osterferien bei Tante Beeke verbringen. Leni liebt ihre Patentante. Schon oft war sie zu Besuch bei den Kindern, aber noch nie waren die Kinder bei ihr. Doch nun wollen Papa und Mama zu Hause streichen, das geht besser ohne Kinder. Eigentlich ist Bennet ziemlich stolz, dass er mit sechs Jahren auf seine vierjährige Schwester aufpassen soll. Und ganz alleine mit ihr Zug fahren darf. Blöd nur, dass er keinem erzählen kann, wie groß er sich fühlt. Denn er will ja sauer sein.

Aber so was von!

»Da ist sie, das ist sie!«, ruft Leni, als sie aus dem Zug aussteigen.

Auf dem Bahnsteig steht Tante Beeke und grinst über beide Backen.

»Willkommen, ihr zwei. Ich freue mich, dass ihr da seid!«

Leni umarmt ihre Patentante stürmisch, Bennet schweigt.

»Na, dann mal los. Das Gepäck kommt hier rein.« Tante Beeke deutet auf ein Fahrrad mit einem großen Anhänger aus Holz. »Leni sitzt im Kindersitz, für dich, Bennet, habe ich extra ein Rad ausgeliehen.«

»Hast du kein Auto?« Bennet kann es nicht fassen.

»Doch. Aber das Wetter ist so schön. Der Frühling ist da! Da habe ich gedacht, ich fahre mit euch über den Deich.«

»Na, super«, brummt Bennet. Bestimmt bekommt er jetzt so ein altes Omi-Klapperding.

Aber Bennet irrt sich. Am Geländer lehnt ein supercooles, knallgelbes Mountainbike.

»Hat mir Maik ausgeliehen«, sagt Tante Beeke. »Den lernst du auch noch kennen.«

Die Luft riecht nach frischer Wäsche und schmeckt ein bisschen salzig. Ein leichter Wind kitzelt die drei, während sie über den Deich strampeln. Möwen fliegen über sie hinweg und kreischen zur Begrüßung. Auf einmal fühlt es sich ganz warm an in Bennets Bauch. Leni streckt die Arme zur Seite und lacht.

Als sie bei Tante Beekes Haus ankommen, stehen dort bereits zwei Kinder. Ein Junge, ungefähr so alt wie Bennet, und ein kleines Mädchen.

»Das sind Maik und Ronja. Die Nachbarskinder«, erklärt Tante Beeke. »Sie warten schon die ganze Zeit, denn jetzt färben wir gemeinsam Eier. Auspacken können wir später!«

Statt ins Haus stapfen Maik, Ronja und Tante Beeke in den Garten. Leni und Bennet gehen neugierig hinterher. Auf einem Holztisch steht ein riesiger Topf mit gekochten Eiern, davor mehrere kleine Schüsseln mit merkwürdigen Suppen. Zerkochte Blätter und aufgeweichte Schalen schwimmen darin.

»Machen wir Matschepampe?«, will Leni wissen.

Ronja kichert. »Das ist Farbe. Hat Tante Beeke gemacht. Aus Rote Beete und Zwiebeln und Kamille und so was.«

»Und damit sollen wir Ostereier färben?« Bennet runzelt die Stirn.

»Das ist total cool«, sagt Maik. »Wirst schon sehen!«

Tatsächlich! Zusammen mit Maik färbt Bennet monsterbraune, koboldgrüne und feuerwehrrote Eier und lacht sich dabei kaputt. Die Frühlingssonne scheint ihnen warm auf den Rücken, im Hintergrund hört man das Meer rauschen. So schön! Leni und Ronja färben jede nur ein Ei. Viel lieber suchen sie im Garten nach den ersten Frühlingskäfern, bauen ein Blätterhaus für Teddy und schaukeln in Tante Beekes regenbogenfarbener Hängematte. Dazwischen serviert Tante Beeke Osterzopf mit viel Butter darauf und warmen Kakao.

»Heute Abend ist großes Osterfeuer am Strand«, erklärt Maik. »Kommt ihr mit?«

Ronja greift Lenis Hand. »Bitte, bitte, bitte!«

Leni und Bennet sehen zu Tante Beeke.

42

»Natürlich kommen wir! Was für eine Frage! Und morgen, am Oster-
sonntag, sind wir auch beim Eiersuchen am Deich dabei. Ist doch klar
wie Kloßbrühe, oder?« Tante Beeke zwinkert Bennet zu.

»Klar«, sagt er bestimmt. »Genau so muss Ostern sein!«

Ostern

Da ist nun unser Osterhase!
Er stellt das Schwänzchen in die Höh
und schnuppert hastig mit der Nase
und tanzt sich einen Pah de döh!

Dann geht er wichtig in die Hecken
und tut, was sonst nur Hennen tun:
Er möchte sein Produkt verstecken,
um sich dann etwas auszuruhn.

Das gute Tier! Ein dicker Lümmel
nahm ihm die ganze Eierei
und trug beim Glockenbammelbimmel
sie zu der Liebsten nahebei.

Da sind sie nun. Bunt angemalen
sagt jedes Ei: »Ein frohes Fest!«
Doch unter ihren dünnen Schalen
liegt, was sich so nicht sagen lässt.

Iss du das Ei! Und lass dich küssen
zu Ostern und das ganze Jahr …
Iss nun das Ei! Und du wirst wissen,
was drinnen in den Eiern war!
– *Kurt Tucholsky* –

Sommer

Petra Steckelmann
Endlich Ferien?

»Wo willst du denn mit deinem Rucksack hin?«, fragte Mama, als sie Leo im Flur sitzen sah.

»Ich gehe jetzt in den Kindergarten«, antwortete Leo und versuchte, seine Schuhe zuzubinden.

Mama schüttelte den Kopf. »Du kannst nicht in den Kindergarten gehen. Es sind Ferien, und der Kindergarten hat zu. Und deine Erzieherin Anna ist auch nicht da«, sagte sie und zog Leo die Schuhe kurzerhand wieder aus.

Leo murrte. Mama verstand echt gar nichts! Anna war zwar ganz nett, aber Leo wollte gar nicht zu ihr, sondern zu seinen Freunden.

»Wie lange hat der Kindergarten denn noch zu?«, fragte Leo und zog sich die Schuhe schnell wieder an.

Mama seufzte. »Die Sommerferien haben doch gerade erst angefangen. Ist es denn nicht schön, so lange Ferien zu haben? Du kannst den ganzen Tag bei mir sein und spielen und musst nicht in den Kindergarten«, sagte Mama und zog Leo die Schuhe auch schon wieder aus. Da half alles Gezappel mit den Füßen nichts.

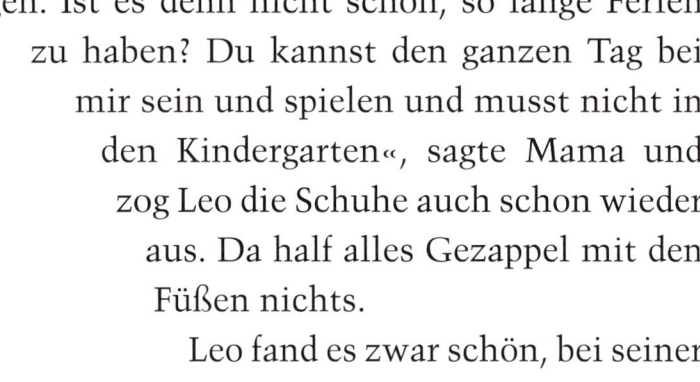

Leo fand es zwar schön, bei seiner Mama zu sein, aber spielen wollte er lieber mit seinen Freunden. Am liebsten Fußball!

Mit Mama konnte man

nicht Fußball spielen. Wenn sie im Tor stand, ließ sie babyleichte Kullerbälle durch, die selbst Timo gehalten hätte. Und Timo war erst drei Jahre alt! Leo fühlte sich mit seinen vier Jahren schon fast wie ein Fünfjähriger.

Und wenn Mama selber am Ball war, schoss sie garantiert nicht so, dass man ihn mit einem Hechtsprung hätte halten müssen. Nein, der Ball kullerte gaaanz langsam auf das Tor zu – sofern sie den Ball überhaupt traf. Und nach höchstens drei Schüssen hatte Mama schon keine Lust mehr und fragte, ob es nicht schöner wäre, Verstecken zu spielen.

Aber auch das war mit ihr nicht so lustig wie mit seinen Freunden. Mama stellte sich nämlich einfach hinter einen Baum und dachte dann wirklich, dass Leo sie nicht finden würde. Dabei guckte immer irgendein Teil von ihr hinter dem Baum hervor.

Nee, mit seinen Freunden Verstecken zu spielen machte einfach viel mehr Spaß. Marcel zum Beispiel hatte sich neulich so gut versteckt, dass sie ihn einfach nicht finden konnten. Obwohl sie irgendwann alle zusammen gesucht hatten. Er war nämlich in die Dornenbüsche gekrabbelt, wo sonst nur die Hunde hineinkommen.

Anna hat zwar ganz doll gemeckert, weil Marcel hinterher nach Hundeka… gestunken hatte, aber das war mal ein richtig tolles Versteck gewesen!

Nur – Marcel war jetzt in die Ferien gefahren und konnte also gar nicht mit Leo Verstecken spielen.

»Dann gucke ich jetzt eben Fernsehen!«, rief Leo, warf seinen Rucksack in die Ecke und lief auf Socken ins Wohnzimmer. »Nichts da!«, rief ihm Mama hinterher. »Morgens wird kein Fernsehen geguckt! Es ist so tolles Sommerwetter, da gehst du am besten raus zum Spielen! Außerdem will ich noch staubsaugen.«

Mama nahm den Staubsauger und stupste Leo an, der sich auf den Tep-

pich vor dem Fernseher geworfen hatte. »Los, hoch mit dir! Abmarsch, auf den Spielplatz.«

»Da ist es doof!«, schimpfte Leo.

Auf dem Spielplatz war er gestern schon gewesen. Alleine. Ganz alleine. Niemand war da gewesen. Leo fühlte sich unendlich einsam ohne seine Freunde. Warum mussten die eigentlich alle in den Urlaub fahren?

Leo hatte zwar das Piratenschiff und die Ritterburg für sich ganz alleine gehabt, aber wenn niemand da war, um die Burg zu erobern, machte es einfach keinen Spaß, König oder Ritter zu sein.

Und unter der Piratenflagge über die Weltmeere zu schippern war auch nur dann schön, wenn man eine Mannschaft hatte, mit der man die Beute teilen konnte. So wie letzte Woche. Da hatten er und seine Freunde sieben oder acht oder neun? Egal … sie hatten ganz viele Sandkuchen erbeutet! Und zwei Kaugummis! Aber von solchen Dingen hatte Mama ja keine Ahnung.

Leo war wütend. Ferien waren doof. Und nichts durfte er. Außer, frische Luft schnappen, wie Mama immer sagte. Auf einem verlassenen Spielplatz. So viel Frischluft, nur für ihn alleine … pah!

Traurig ging Leo in sein Zimmer und warf sich aufs Bett. Lustlos schob er sich ein Stück Schokolade in den Mund, das er sich heimlich gemopst hatte. Ihm war sooo langweilig.

Seine Bilderbücher hatte er bereits durchgeblättert und seine Kassetten schon alle gehört.

Vorhin hatte Leo sogar den höchsten Legoturm der Welt gebaut. Und auch an ein Krankenhaus für die Männchen, die von dem Turm herunterfielen, hatte er gedacht.

Trotzdem war immer noch viel zu viel vom Tag übrig.

»Ich will doch nur mit meinen Freunden Fußball spielen und herumtoben«, grummelte er vor sich hin.

Kaum hatte Leos Mama den Staubsauger ausgestellt, klingelte das Telefon, und Leo hörte, wie sie drangring. »Sie haben noch einen Platz frei? Das ist schön, da wird er sich aber freuen!«

Gleich darauf kam sie in Leos Zimmer und grinste. »Komm, zieh dich an, wir gehen einkaufen! Wie man seine Schuhe alleine anzieht, weißt du ja!«, sagte sie mit einem Augenzwinkern. Und bevor Leo noch sagen konnte, dass er keine Lust zum Einkaufen hatte, fuhr sie fort: »Wir gehen für dich Fußballschuhe kaufen, und ab morgen kannst du dann in einer Ferien-Fußball-Gruppe den ganzen Tag toben und bolzen!«

Leo riss begeistert die Augen auf. »In ein Fußball-Camp? Ich? Cool!«

Blitzeschnell hatte er seine Schuhe wieder an den Füßen. Und dort blieben sie auch. Bis zum Schuhgeschäft. Leo probierte ein Paar nach dem anderen an. Dann entschied er sich für die hellblauen Fußballschuhe mit zwei roten Streifen an der Seite.

Den ganzen Nachmittag kickte er Bälle auf dem Hof. Er musste ja schließlich fit sein für morgen. Und als er am Abend völlig erschöpft im Bett lag, betrachtete Leo noch immer die leuchtenden Streifen der neuen Schuhe. Vor lauter Vorfreude hatte er klackernde Murmeln im Bauch.

Und plötzlich fand Leo die Ferien ganz toll!

Ursel Scheffler

Auch Hexen brauchen Ferien

»So geht es nicht weiter!«, rief die Oberhexe. »Kein Mensch mehr fürchtet sich vor uns. Und überhaupt, viele Hexen haben das Hexen fast verlernt. Ihr müsst in der Schule wieder ordentlich büffeln. Bis zu den großen Ferien müsst ihr alle perfekt sein!«

Die jungen und auch die uralten Hexen machten lange Gesichter. Mehr lernen? Im Sommer? Wo es draußen so schön war? Bäh! Aber es half alles nichts. Sie mussten jeden Tag sieben Stunden die Schulbank drücken.

Montags übten sie das Spuken, Fauchen und Stänkern. Dienstags malten sie Druidenfüße, Drachen, Mondgesichter und andere Beschwörungszeichen. Mittwochs paukten sie das Hexeneinmaleins, rechneten mit magischen Quadraten und übten den Hexenschuss. Donnerstags probten und tobten sie in der Hexentanzstunde und grölten dazu das Glühwürmchenlied, tanzten die Regenwurmpolka oder einen der anderen wilden Tänze, die sie sonst bloß in der Walpurgisnacht tanzten – bis ihnen die Zunge heraushing. Freitags lehrte sie die Oberhexe alle Finten, Listen, Tücken und Schliche des Hexenhandwerks.

Am Samstag gab es Kochunterricht in der Hexenküche. Die Hexen probierten die altbewährten Rezepte aus, die jede Hexe kennen muss: Tollkirschenpudding mit Glassplittergelee, Teufelsbraten mit Pech-und-Schwefel-Soße, gedämpfte Fliegenpilze mit Kakteensalat, Arsensuppe mit eingelegten Mäusezähnchen und andere Leckerbissen.

Kein Wunder, dass die Hexen am Sonntag müde waren. Aber da mussten sie zum Flugunterricht bei Meister Dracula. Dort übten sie Geländeritt, Geschicklichkeit, Allwetterflug, Senkrechtstart, Sturz- und Schwebeflug, Kreiseln und Loopings.

So wurden die Hexen nach allen Regeln der Hexenkunst gedrillt, bis sie wirklich ferienreif waren.

Die Oberhexe war zufrieden. Als die Sommerferien vor der Tür standen, hatte sie die perfektesten Hexen weit und breit.

»Heute besprechen wir das Schlechtwetterhexen«, sagte die Oberhexe am Freitag vor den Ferien.

»Wir wollen in den Ferien aber lieber schönes Wetter!«, rief die Blitzhexe.

»Ich habe mich beim letzten Gewitter erkältet!«, beschwerte sich die Sumpfhexe. »Hatschi! Hatschi! Hatschi!«

Einige Hexen kicherten. Das machte die Oberhexe wütend, und sie schrie: »Potz Schleuderblitz und Schwefelzahn! Wollt ihr wohl aufpassen! Wie das Wetter wird, bestimme ich. Und diesen Sommer wird es verteufelt schlecht. Hatschi!«

Mühsam unterdrückten die Hexen das Kichern, weil nun auch die Oberhexe niesen musste. Das kam davon, wenn man sich bloß bei schlechtem Wetter herumtrieb!

»Hatschi, hatschi, hatschi!«, nieste die Sumpfhexe.

»Hör endlich mit der dämlichen Nieserei auf!«, rief die Oberhexe, die dachte, die Sumpfhexe wollte sie bloß verspotten.

»Was kann ich dafür, wenn es auf den alten Besen immer so zieht?«, klagte die Hexe. »Meister Dracula hat mich beim Flugunterricht trotz des scheußlichen Wetters über Moore und Seen gehetzt.«

»Scheußliches Wetter ist schön!«, behauptete die Oberhexe.

»Für einige von uns«, sagte die Wetterhexe. »Aber wenn man es nicht gewohnt ist, dann ist es schon eine Zumutung, heute noch auf diesen altmodischen Besen zu reiten, wo uns die Technik so viele Möglichkeiten bietet.«

»Selbst die Menschen haben es bequemer, wenn sie reisen!«, rief die

kleine Quellhexe dazwischen. »Die fahren mit Schiffen, Zügen, Autos, Flugzeugen …«

»Ihr wollt wohl im Flugzeug in die Ferien fliegen, was?«, spottete die Oberhexe.

»Warum nicht?«, antwortete die Wolkenhexe. »Es ist bequemer und schneller.«

»Es gäbe noch mehr zu sagen, blobb, blobb«, blubberte die Moorhexe. »Denkt nur an unsere blöden Kopftücher …«

»Ja, es ist eine Schande, wie wir herumlaufen müssen. Die Kopftücher sind hässlich und unbequem«, rief die Flusshexe.

»Jetzt schlägt's aber dreizehn! Ihr wisst, dass ihr eine Kopfbedeckung braucht, damit ihr für die Menschen unsichtbar seid!«, brüllte die Oberhexe.

»Na gut, aber können wir nicht schicke Hüte bekommen und saubere moderne Sachen? Pullover und Regenumhänge, die uns kleiden und nett aussehen«, schlug die Windhexe vor. Jetzt redeten alle Hexen durcheinander. Als selbst die Zornesblicke der Oberhexe nichts mehr ausrichten konnten, entschied sie sich für das Einschalten höherer Gewalt. Sie bediente den Alarmkopf neben der Tür und ließ aus der Deckenlampe einen Blitz auf die aufgescheuchte Schar herunterfahren.

»Giftundgallenochmal! Der Urlaub ist gestrichen! Und jetzt geht ihr zur Strafe Würmer suchen. Schlag zwölf treffen wir uns in der Hexenküche. Es gibt Schlangenfraß!«

Darauf rauschte die Oberhexe zur Tür hinaus und ließ hinter sich eine Reihe kleiner Schwefelwölkchen entwischen. So aufgeregt war sie.

Die aufgebrachten Hexen aber scharten sich um die Wetterhexe und sagten: »Jetzt reicht es uns wirklich.« – »Schlechtes Wetter für die Ferien!« – »Würmer suchen!« – »Schlangenfraß!« – »Was zu viel ist, ist zu viel!«, riefen alle durcheinander.

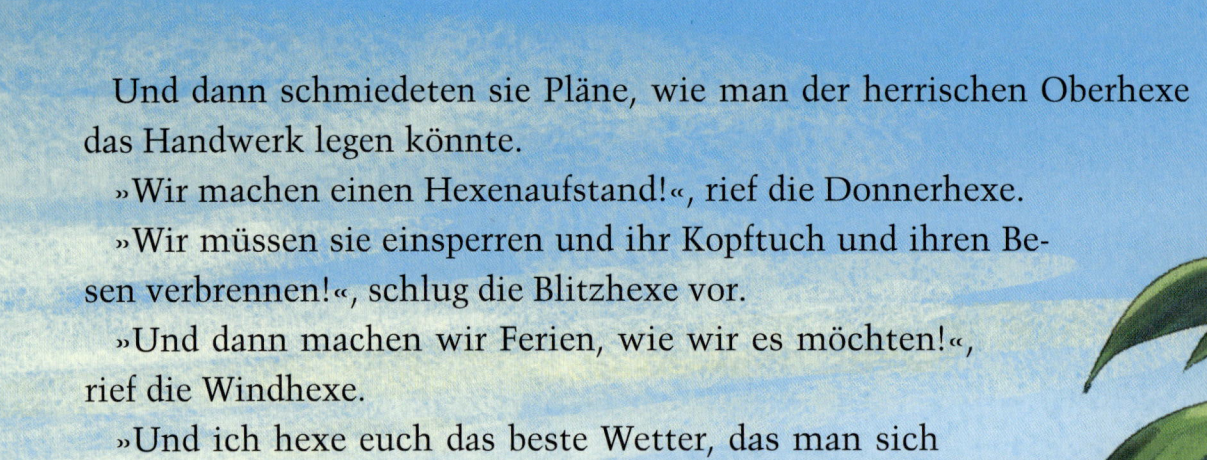

Und dann schmiedeten sie Pläne, wie man der herrischen Oberhexe das Handwerk legen könnte.

»Wir machen einen Hexenaufstand!«, rief die Donnerhexe.

»Wir müssen sie einsperren und ihr Kopftuch und ihren Besen verbrennen!«, schlug die Blitzhexe vor.

»Und dann machen wir Ferien, wie wir es möchten!«, rief die Windhexe.

»Und ich hexe euch das beste Wetter, das man sich vorstellen kann!«, versprach die Wetterhexe.

Und dann schlichen sie zur Schlafkammer der alten Hexe, um alle ihre Vorsätze in die Tat umzusetzen.

Ob es ihnen gelungen ist?

Nun, man wird es merken, wenn man das Ferienwetter beobachtet.

Trarira, der Sommer, der ist da!

1. Tra - ri - ra, der Som - mer, der ist da! Wir
wol - len in den Gar - ten und wolln des Som - mers war - ten.
Ja, ja, ja, der Som - mer, der ist da!

Scheint die helle Sonne

Scheint die hel-le Son-ne, wel-che Won-ne, scheint ins
wei-te Land hi-nein: Sin-gen wir ein fri-sches Lied,
und wer mit uns zieht, singt es fröh-lich mit. Fa-la-la, komm doch mit!
Komm doch mit uns in die Welt, wie es uns ge - fällt - fällt.

2. Wenn wir heute wandern,
lass die andern,
die zu Haus geblieben sind,
sitzen in dem warmen Nest!
Wer den Sommer lässt,
hält ihn auch nicht fest.
Falala, bleib doch da!
Und wir wandern in die Welt,
wie es uns gefällt.

Maja von Vogel
Flaschenpost aus Australien

Florian wohnt am Meer. Aber obwohl er fast jeden Tag am Strand ist, hat er noch nie eine Flaschenpost gefunden.

»Ich möchte sooo gerne mal eine Flaschenpost finden«, sagt Florian ganz oft zu Mama. Dann läuft er zum Strand und sucht und sucht. Aber er findet nur Muscheln und tote Krebse.

»Mir reicht's!«, sagt Florian eines Tages. »Dann schreib ich eben selbst eine Flaschenpost.« Eine Flaschenpost zu verschicken ist zwar nicht so toll, wie eine zu bekommen, aber es ist auf jeden Fall besser, als immer nur tote Krebse zu finden. »Und wenn jemand meine Flaschenpost gefunden hat, schickt er mir bestimmt eine zurück«, sagt Florian. »Vielleicht sogar aus Australien.«

Zuerst holt er eine leere Flasche aus der Küche, spült sie aus und trocknet sie ab. Dann malt er ein großes Bild. Erst malt er sich selbst. Der Florian auf dem Bild grinst von einem Ohr zum anderen und hält eine Flaschenpost in der Hand. Danach malt er sein Haus und den Strand. Damit der Flaschenpost-Finder auch weiß, wie es bei ihm aussieht.

Was fehlt noch?, überlegt Florian. Genau, die Adresse! Sonst weiß der Finder in Australien gar nicht, wo er seine Flaschenpost hinschicken soll. Die Adresse schreibt Mama auf das Bild. Florian rollt das Blatt zusammen und steckt es in die Flasche.

»Prima!«, ruft Florian. »Jetzt geht die Reise los!«

Aber so einfach ist das nicht. Als Florian mit Mama am Meer steht, ist er ganz schön aufgeregt. Schließlich verschickt man nicht jeden Tag eine Flaschenpost. Beim ersten Mal wirft er nicht weit genug, und die Flasche wird sofort wieder zurück an den Strand gespült.

»Probier's noch mal«, sagt Mama.

Jetzt wirft Florian, so weit er kann. Platsch! Die Flasche landet im Wasser, und diesmal kommt sie nicht zurück.

»Gute Reise!«, ruft Florian. Er winkt so lange, bis er die Flasche nicht mehr sehen kann.

Am Montag sagt Florian: »Jetzt schwimmt meine Flasche bestimmt gerade an England vorbei.«

Am Dienstag sagt er: »Jetzt schwimmt sie um Afrika herum.«

Und am Mittwoch: »Ob meine Flaschenpost schon in Australien ist?«

Am Donnerstag sagt Mama: »Du hast einen Brief bekommen, Florian.«

»Gib her!«, ruft Florian und reißt ihr den Brief aus der Hand.

In dem Umschlag steckt ein Bild. Auf dem Bild ist ein Mädchen mit Zöpfen und Sommersprossen zu sehen. Es hält eine Flasche in der Hand und lacht. Das Mädchen steht am Strand, dahinter liegt das Meer.

»Komisch«, sagt Florian. »In Australien sieht es ja genauso aus wie hier!«

Mama dreht das Bild um. Auf der Rückseite steht etwas.

»Das ist nicht in Australien«, sagt Mama, »sondern hier bei uns. Das Mädchen heißt Anke. Sie wohnt am Hafen. Ihr Vater ist Fischer. Deine Flaschenpost ist ihm ins Netz gegangen.«

Florian schluckt. Seine Flasche ist in einem Fischernetz gelandet! Nicht in England, nicht in Afrika und schon gar nicht in Australien. Dann schaut er sich das Bild noch einmal an. Diese Anke sieht eigentlich ganz nett aus. Zumindest für ein Mädchen. Ob sie wirklich so viele Sommersprossen hat? Zum Glück ist es gar nicht weit bis zum Hafen.

Vielleicht ist es ja doch ganz gut, dass meine Flaschenpost nicht bis nach Australien geschwommen ist, denkt Florian und faltet das Bild vorsichtig zusammen.

Astrid Lindgren

Allerliebste Schwester

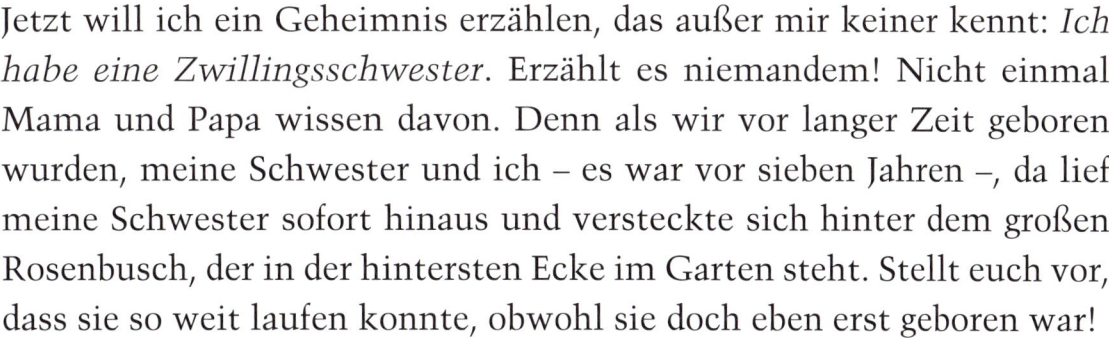

Jetzt will ich ein Geheimnis erzählen, das außer mir keiner kennt: *Ich habe eine Zwillingsschwester.* Erzählt es niemandem! Nicht einmal Mama und Papa wissen davon. Denn als wir vor langer Zeit geboren wurden, meine Schwester und ich – es war vor sieben Jahren –, da lief meine Schwester sofort hinaus und versteckte sich hinter dem großen Rosenbusch, der in der hintersten Ecke im Garten steht. Stellt euch vor, dass sie so weit laufen konnte, obwohl sie doch eben erst geboren war!

Wollt ihr wissen, wie meine Schwester heißt? Ihr glaubt natürlich, sie heißt Lena und Birgitta oder so, wie Mädchen sonst eben heißen. Aber nein, da irrt ihr euch. Sie heißt Ylva-li.

Sagt das mehrere Male hintereinander, dann hört ihr, wie schön es klingt: Ylva-li, Ylva-li, Ylva-li. Ich selbst heiße nur Barbro. Aber Ylva-li spricht meinen Namen nie aus. Sie nennt mich »Allerliebste Schwester«. Ylva-li hat mich sehr gern. Papa hat Mama am liebsten, und Mama liebt von allen am meisten meinen kleinen Bruder, der im Frühling geboren wurde. Aber Ylva-li mag nur mich.

Gestern war es sehr heiß. Gleich morgens ging ich hinaus und setzte mich hinter den Rosenbusch, wie ich es immer tue. Er steht in einer Ecke des Gartens, wo nie jemand hinkommt.

Ylva-li und ich haben eine besondere Sprache, die niemand außer uns versteht. Der Rosenbusch heißt in unserer Sprache ganz anders. Er heißt Salikon. Als ich also dort beim Salikon saß, hörte ich Ylva-li nach mir rufen.

»Kim hot!«

»Komm her«, heißt das in unserer Sprache. Und da kroch ich durch das Loch. Genau unter dem Salikon ist ein Loch in der Erde. Da kroch ich hinein. Und dann stieg ich die lange, lange Treppe hinunter und ging durch den dunklen Gang bis zur Tür, die in den Goldenen Saal führte, wo Ylva-li Königin ist. Ich klopfte an.

»Ist das Meine Allerliebste Schwester?«, hörte ich Ylva-lis Stimme von drinnen.

Ja«, sagte ich.

»Nicko, öffne Meiner Allerliebsten Schwester«, sagte Ylva-li.

Und dann ging die Tür auf, und Nicko, der Zwerg, der für Ylva-li das Essen kocht, verneigte sich und grinste wie immer.

Ylva-li und ich umarmten uns lange. Aber dann kamen Ruff und Duff angerannt und bellten und sprangen um uns herum. Ruff und Duff, das sind unsere kleinen schwarzen Pudel. Ruff gehört mir, und Duff gehört Ylva-li. Ruff freut sich immer so, wenn ich komme. Er leckt mir die Hände und wedelt mit dem Schwanz und ist so süß.

Früher habe ich Mama und Papa oft gebeten, mir einen kleinen Hund zu schenken. Aber sie sagten, Hunde machen so viel Arbeit und seien dann auch teuer und außerdem gar nicht gut für meinen kleinen Bruder. Deshalb bin ich so glücklich über Ruff.

Ylva-li und ich spielten eine ganze Zeit mit unseren Hunden und hatten viel Spaß. Dann gingen wir unsere Kaninchen füttern. Wir haben nämlich eine ganze Menge kleiner weißer Kaninchen.

Ihr könnt euch nicht vorstellen, wie herrlich es im Goldenen Saal ist. Die Wände leuchten von Gold. Mitten im Saal ist ein Springbrunnen mit ganz grünem Wasser. Ylva-li und ich baden oft darin.

Als wir die Kaninchen gefüttert hatten, beschlossen wir, ein bisschen zu reiten. Ylva-lis Pferd ist weiß. Seine Mähne ist aus Gold, und die Hufe sind aus Gold. Mein Pferd ist schwarz. Die Mähne und die Hufe sind aus Silber. Goldfunken und Silberfunken heißen unsere Pferde.

Wir ritten durch den Großen Schrecklichen Wald, wo die Bösen wohnen. Die Bösen haben grüne Augen und lange Arme. Sie rannten hinter uns her. Sie sagten nichts. Sie schrien nicht. Rannten nur stumm hinter unseren Pferden her und streckten ihre langen Arme nach uns aus. Die Bösen wollten uns gefangen nehmen und in die Große Schreckliche Höhle sperren. Aber Goldfunken und Silberfunken liefen so schnell, dass die Funken von ihren Hufen sprühten. Die Bösen blieben weit zurück.

Dann kamen wir auf die Wiese, wo die Artigen wohnen. Dahin können die Bösen nicht kommen. Sie müssen im Großen Schrecklichen Wald bleiben. Dort standen sie nun am Waldrand und spähten mit ihren hässlichen grünen Augen zwischen den Bäumen hervor.

Bei den Artigen hatten wir viel Spaß. Wir stiegen von den Pferden und setzten uns ins Gras. Goldfunken und Silberfunken wälzten sich auch im Gras und wieherten. Die Artigen, die weiche weiße Kleider und rote Wangen haben, kamen und boten uns herrliche Kuchen und Bonbons an, die sie auf kleinen grünen Tabletts trugen. Es gibt keine Bonbons, die so gut sind wie die, welche uns die Artigen anbieten.

Mitten auf der Wiese steht ein großer Kochherd. Das ist der Herd, wo die Artigen ihre Bonbons kochen und ihre Kuchen backen.

Später ritten wir zum Schönsten Tal der Welt. Dorthin darf niemand kommen außer Ylva-li und mir. Dort singen die Blumen, und die Bäume machen Musik. Ein kleiner Bach mit klarem Wasser fließt durch das Tal. Der kann weder singen noch spielen. Aber er murmelt eine Melodie. Niemals habe ich eine schönere Melodie gehört. Ylva-li und ich standen auf der Brücke, die über den kleinen Bach führt, und hörten die Blumen

singen und die Bäume musizieren und den Bach seine Melodie murmeln. Da packte Ylva-li mit einem Mal fest meinen Arm und sagte:

»Allerliebste Schwester, eins musst du wissen!«

In dem Moment tat mein Herz furchtbar weh.

»Nein!«, sagte ich. »Ich will nichts wissen.«

»Doch«, sagte Ylva-li, »doch, eins musst du wissen.«

Da hörten die Blumen auf zu singen und die Bäume zu musizieren, und ich konnte die Melodie des Baches nicht mehr hören.

»Allerliebste Schwester«, sagte Ylva-li leise, »wenn Salikons Rosen welken – werde ich tot sein.«

Ich sprang auf mein Pferd und ritt davon, und die Tränen liefen mir über die Wangen. Ich ritt, so schnell ich konnte. Ylva-li jagte auf ihrem Pferd hinter mir her. Wir ritten so schnell, dass Goldfunken und Silberfunken nass von Schweiß waren, als wir zum Goldenen Saal zurückkamen.

Nicko hatte uns herrliche Pfannkuchen gemacht. Wir saßen auf dem Fußboden vor dem Kaminfeuer und aßen sie. Ruff und Duff sprangen um uns herum. Unsere Kaninchen kamen angehoppelt und wollten auch dabei sein. Schließlich musste ich nach Hause gehen. Ylva-li brachte mich zur Tür. Wir umarmten uns fest zum Abschied.

»Komm bald wieder, Allerliebste Schwester«, sagte Ylva-li.

Dann ging ich zur Tür hinaus und fort durch den Gang und stieg die Treppe hinauf. Ich hörte, wie Ylva-li mir noch einmal nachrief: »Komm bald wieder, Allerliebste Schwester!«

Als ich ins Kinderzimmer kam, war Mama dort und brachte meinen kleinen Bruder ins Bett. Sie war ganz weiß im Gesicht, und als sie mich sah, legte sie meinen kleinen Bruder schnell hin und lief mir entgegen. Sie nahm mich in die Arme und weinte und sagte: »Liebling, wo bist du nur gewesen? Wo bist du nur den ganzen Tag gewesen?«

66

»Hinter dem Rosenbusch«, sagte ich.

»Gott sei Dank, oh, Gott sein Dank, dass du wieder da bist!«, sagte Mama und küsste mich. »Wir haben solche Angst um dich gehabt.«

Und dann sagte sie: »Du weißt noch gar nicht, was Papa heute für dich mitgebracht hat.«

»Nein, was denn?«, fragte ich.

»Sieh mal in deinem Zimmer nach«, sagte Mama.

Ich lief hin, so schnell ich konnte. Und da, in einem Korb neben meinem Bett, lag ein kleiner schwarzer Pudelwelpe und schlief. Er erwachte und sprang auf und bellte. Das war der süßeste Hund, den ich je gesehen hatte. Ja, er war tatsächlich noch süßer als Ruff dort unten im Goldenen Saal. Er war lebendiger, das war er.

»Er gehört dir ganz allein«, sagte Mama.

Da nahm ich ihn auf meinen Arm, und er bellte und war ganz wild und versuchte, mein Gesicht zu lecken. Ja, er war der süßeste Hund, den ich je gesehen habe.

»Ruff heißt er«, sagte Mama.

Das war doch seltsam, nicht?

Ich hatte Ruff so lieb und war so froh über ihn, dass ich nachts kaum schlafen konnte. Ruff lag in seinem Korb neben meinem Bett. Manchmal wimmerte er ein bisschen im Schlaf.

Ruff gehört nur mir.

Heute Morgen, als ich in den Garten kam, sah ich, dass Salikons Rosen verwelkt waren. Und ein Loch gab es auch nicht mehr in der Erde.

Garten

Ich sitze im Gras und schweige.
Der Himmel ist blau wie das Meer.
Der Wind bewegt die Zweige,
sie schwingen leicht, hin und her.

Ich bin nicht allein, denn ich sehe
den Wind, der im Kirschgeäst schaukelt,
den Schmetterling, der in der Nähe
ganz langsam vorübergaukelt.

Ich höre die Amseln und Stare.
Ich sehe die Käfer im Kraut.
Der Wind bewegt meine Haare,
die Sonne berührt meine Haut.

– *Georg Bydlinski* –

Kindersand

Das Schönste für Kinder ist Sand.
Ihn gibt's immer reichlich.
Er rinnt unvergleichlich
zärtlich durch die Hand.

Weil man seine Nase behält,
wenn man auf ihn fällt,
ist er so weich.
Kinderfinger fühlen,
wenn sie in ihm wühlen,
nichts und das Himmelreich.

Denn kein Kind lacht
über gemahlene Macht.
– *Joachim Ringelnatz* –

Liebe, liebe Sonne

C F C F C
Lie-be, lie-be Son-ne, komm ein biss-chen run-ter,
F C F C
lass den Re-gen o-ben, dann wol-len wir dich lo-ben. Schlie-ßen
F G C
wir den Him-mel auf, kommt die lie-be Son-ne raus.

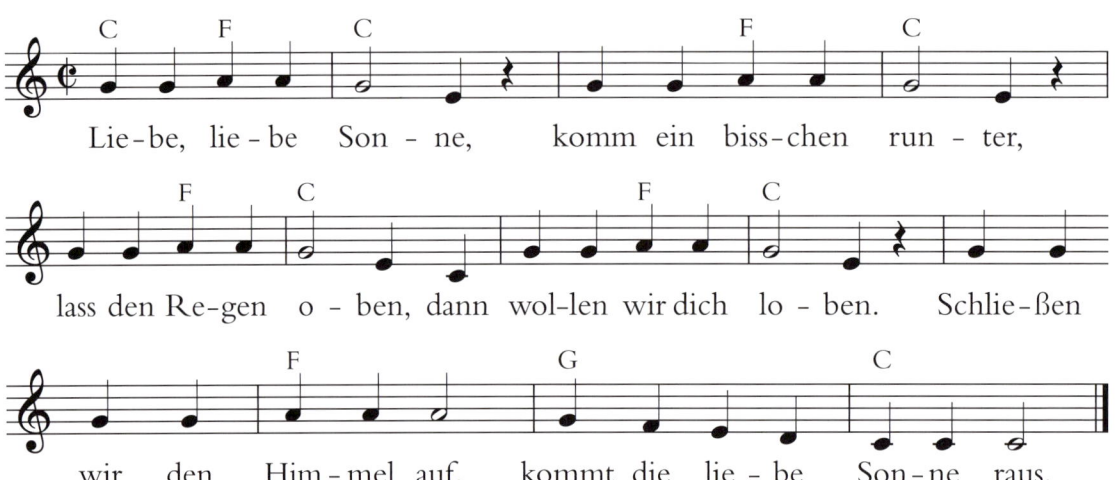

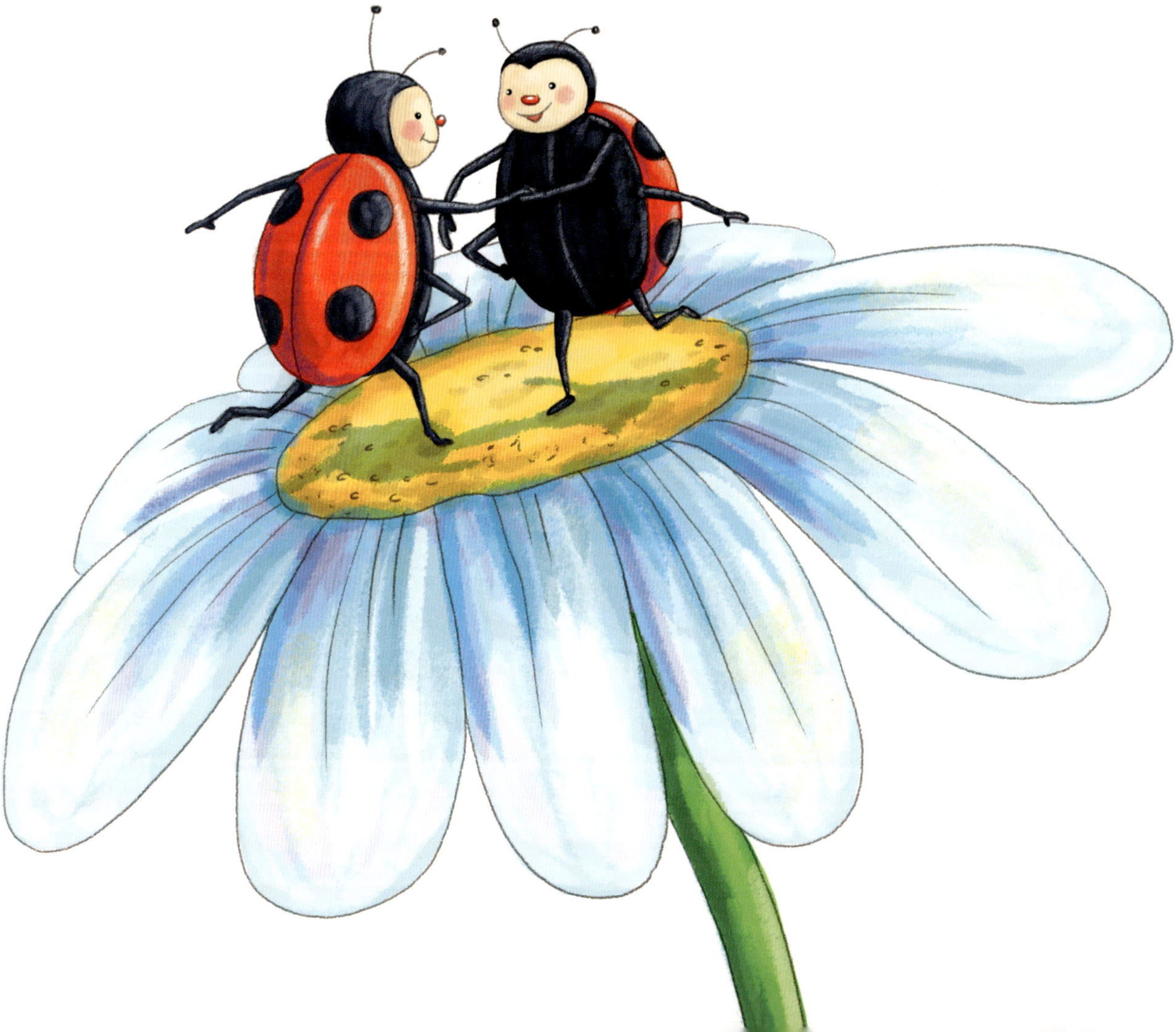

Cornelia Funke

Dünenschweine

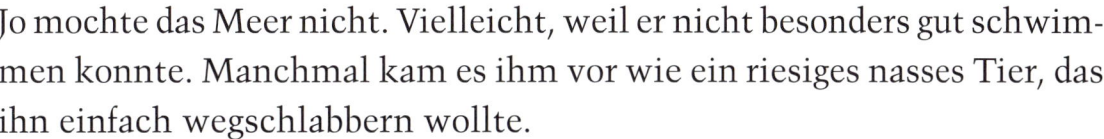

Jo mochte das Meer nicht. Vielleicht, weil er nicht besonders gut schwimmen konnte. Manchmal kam es ihm vor wie ein riesiges nasses Tier, das ihn einfach wegschlabbern wollte.

Aber Jo liebte den Strand. Wo sonst konnte man meterhohe Sandburgen bauen, mit Türmen und Gräben, Muscheldächern und langen Gängen, in denen es wunderbar kühl war? Jo buddelte leidenschaftlich gern. Zu Hause zogen ihn die Nachbarskinder damit auf, dass er immer noch im Sandkasten spielte, aber das interessierte Jo nicht.

Eines Tages, die Ferien hatten gerade angefangen, holte ihn sein Großvater morgens ab und fuhr mit ihm ans Meer. Es war noch früh, als sie ankamen, und der Strand war fast leer. Jo suchte sich einen Platz am Wasser und legte sein Werkzeug zurecht: Eimer, Schaufeln, Gießkanne, ein paar Stöcke. Dann machte er sich an die Arbeit, während sein Großvater im Liegestuhl hinter der Zeitung verschwand.

Als der Strand sich langsam füllte, hatte Jo einen Burgberg aufgeschüttet, der fast einen Meter hoch war. Der Graben drum herum war so tief und breit, dass Jo drin knien konnte. Sorgfältig klopfte er den Berg oben platt, formte Mauern und Zinnen darauf, Treppen, Tore und vier dicke Türme. Dann fing er an, in den Berg hinein einen unterirdischen Gang zu graben. Das war immer das Allerbeste. Jo stellte sich die Gewölbe vor, in die der Gang hinabführte: geheimnisvolle Schatzkammern und Verliese, in die der Burgherr seine Feinde warf.

Jos Finger gruben und gruben. Er holte immer mehr feuchten Sand aus der Tiefe. Als sein Arm schon bis zur Schulter in dem kühlen Gang steckte, berührten seine Finger plötzlich etwas Weiches.

71

Jo zog den Arm so hastig zurück, dass er ein Loch in den Berg riss. Schnell klopfte er den Sand wieder fest und schob den Arm vorsichtig noch einmal in das Loch. Da! Da war es wieder. Weich und pelzig. Jo versuchte, nach dem Etwas zu greifen, aber es kratzte ihn mit winzigen Krallen. Erschrocken riss er die Hand zurück und lugte in das dunkle Loch.

Augen leuchteten ihm entgegen, schmal und grün. Und plötzlich schoss ein kleines, pelziges Gesicht aus dem Loch, sah sich hastig um und wisperte: »Hast du Sonnencreme?«

Sprachlos hielt Jo dem Pelzgesicht die Flasche hin.

»Die Sorte mögen wir nicht«, wisperte es und verschwand wieder in der sandigen Tiefe.

Jo starrte auf die Burg, als hätte ihm das Etwas seine Schaufel auf den Kopf gedroschen.

»He«, flüsterte er in den dunklen Gang hinein. »Seid ihr Sandhamster oder so was?«

Irgendwas tuschelte in der Tiefe. Dann tauchte das kleine Pelzgeschöpf wieder auf. »Dünenschweine!«, nuschelte es. »Wir sind Dünenschweine. Hast du zufällig Salzstangen?«

Jo zuckte bedauernd mit den Schultern. Das Dünenschwein rümpfte verächtlich die Nase und verschwand.

»He, wartet!«, rief Jo leise in den Gang hinein. »Ich könnte euch was bauen.« Und ohne eine Antwort abzuwarten, fing er an.

Erst baute er eine hohe Mauer aus Sand und Steinen um den Burggraben herum, aber sehr viel Sichtschutz brachte die nicht. Da steckte Jo Stöcke oben zwischen die Burgtürme und hängte sein Handtuch so darüber, dass es wie ein Baldachin die Burg und den Gang verbarg. Dann schob er vorsichtig Kopf und Schultern unter das Tuch und flüsterte in den dunklen Gang hinein: »Ihr könnt ruhig rauskommen. Bitte! Keiner kann euch sehen. Heiliges Ehrenwort!«

Eine ganze Weile rührte sich nichts. Doch dann krochen, vorsichtig schnuppernd, drei kleine, pelzige Wesen aus dem Gang. Sie kletterten den Burgberg hinauf, stiegen über Jos Mauern und begannen, in der Burg herumzustöbern. Sie liefen die Treppen rauf, die Jo mit Wasser und Sand geformt hatte, und bestiegen die Türme, als hätten sie schon immer auf der Burg gewohnt. Leider brach ein Turm zusammen, und ein Dünenschwein rollte den Burgberg runter … Aber Jo konnte es auffangen, bevor es unter dem Tuch hervorkullerte. Er klopfte ihm den Sand aus dem Pelz, setzte es vorsichtig zurück auf den Burghof und wollte ihm gerade zum Trost einen kleinen Sandsessel formen, da hob jemand das Handtuch hoch.

Schnell wie Kugelblitze huschten die Dünenschweine in den Gang zurück.

»Na, mein Junge«, sagte Jos Großvater. »Wollen wir ein Eis essen gehen?«

»Och nee, ich buddel lieber«, antwortete Jo. »Aber du könntest mir Salzstangen mitbringen.«

»Salzstangen?« Sein Opa hob erstaunt die Augenbrauen – und stapfte davon. Jo aber verschwand wieder unter dem Handtuch.

»Salzstangen kommen gleich!«, wisperte er in den Tunneleingang. »Bleibt in Deckung, bis ich euch rufe!«

Er hatte gerade drei Sessel und einen Sandtisch auf den Burghof gebaut, da lugte sein Opa wieder unters Handtuch. »Nicht schlecht, die Burg«, sagte er und ließ die Salzstangentüte in den Graben plumpsen.

»Danke, Opa«, sagte Jo. »Und tschüss!«

Dann zog er das Handtuch schnell wieder zu. Ein Dünenschwein streckte schon schnüffelnd die Nase aus dem Tunnel.

»Es hat geknistert!«, lispelte es. »Ganz deutlich.«

Jo grinste und legte drei Salzstangen auf den kleinen Sandtisch. Blitzschnell saßen die Schweine auf den Sesseln.

»Mann, solche wie euch hätte ich gern in meinem Sandkasten«, murmelte Jo, während er ihnen beim Knabbern zusah.

»Gibt's da Sand?«, schmatzte das dickste Schwein.

»Aber klar!«, flüsterte Jo schnell. »Und für Salzstangen würd ich natürlich auch sorgen.«

Die Dünenschweine begannen, leise miteinander zu tuscheln.

Fünf Minuten später rüttelte Jo seinen schnarchenden Opa wach. »Ich will nach Hause«, sagte er.

Sein Opa nahm überrascht die Zeitung vom Gesicht. »Jetzt schon?«

»Unbedingt!«, erklärte Jo. »Ich muss zu Hause im Sandkasten noch was bauen.«

Da stand sein Opa mit einem Seufzer auf und packte seine Sachen zusammen. »Was ist heute bloß los mit dir?«, murmelte er. Das Schmatzen der drei Dünenschweine in Jos Rucksack hörte er zum Glück nicht.

Maria Seidemann
Die Maus will verreisen

Die Maus will verreisen. Weit fort, mit dem Schiff übers Meer!

»Was soll ich mitnehmen?«, überlegt die Maus.

Sie holt ihre Tasche aus dem Schrank und fängt an zu packen: die Zahnbürste und den Kamm, den Regenschirm und die Sonnenbrille. Den neuen Hut braucht sie unbedingt! Oder doch lieber die Mütze?

Die Maus betrachtet sich im Spiegel und packt beides ein, Hut und Mütze. Natürlich braucht sie auf dem Schiff auch Hosen und Pullover, Schuhe und Strümpfe. Und eine warme Jacke. Oder lieber den Mantel? Wieder dreht sich die Maus vor dem Spiegel. Dann packt sie beides ein: Mantel und Jacke. Die Tasche ist voll. Der große bunte Ball passt nicht mehr in die Tasche.

»Ohne Ball kann ich nicht verreisen!«, sagt die Maus.

Sie holt den Rucksack aus dem Schrank und steckt den Ball hinein. Da ist der Rucksack schon beinahe voll. Aber der Teddy muss unbedingt noch mit. Den braucht die Maus zum Einschlafen. Ach ja, und einen Schlafanzug natürlich! Der Rucksack ist voll. Obendrauf packt die Maus ein Stückchen Käse, einen Pfefferkuchen und drei Bonbons. Vielleicht gibt es auf dem Schiff nichts zu essen.

Plötzlich erschrickt die Maus: Beinahe hätte sie den Badeanzug vergessen!

»Ohne Badeanzug kann ich nicht verreisen!«, sagt die Maus. Aber der Badeanzug passt nicht mehr in den Rucksack.

Die Maus klettert auf den Schrank. Sie holt den Koffer herunter und legt den Badeanzug hinein.

Schwimmen im Meer ist erst richtig schön mit einer Luftmatratze.

76

Die Maus klettert noch einmal auf den Schrank und wirft die Luftmatratze in den Koffer. Und den Sonnenschirm will sie auch mitnehmen.

Der Koffer ist voll. Der Deckel lässt sich nicht schließen. Die Maus springt auf dem Koffer herum. Aber das nützt nichts. Der Sonnenschirm ist zu lang. Die Maus nimmt ihn heraus und klappt den Koffer zu.

»Ohne Sonnenschirm kann ich nicht verreisen!«, sagt die Maus.

Sie kriecht ganz tief in den Schrank und findet einen großen Beutel. Da passt der Sonnenschirm hinein.

Jetzt hat die Maus alles, was sie auf der Reise braucht. Sie hängt sich den Rucksack über. In die eine Hand nimmt sie den Koffer, in die andere Hand die Tasche. Aber den Beutel kann sie nicht mehr tragen.

»Ohne Auto kann ich nicht verreisen!«, sagt die Maus.

Sie greift zum Telefon und ruft ein Taxi. Die Maus wartet und freut sich auf die Reise, auf das Schiff und auf das Meer.

Da klingelt es an der Tür.

»Das ist mein Taxi!«, ruft die Maus. »Ich komme!«

Sie wirft sich den Rucksack über, packt mit den Händen Koffer und Tasche, klemmt den Schirm zwischen die Zähne und öffnet mit dem Fuß die Tür.

Draußen steht kein Taxi. Draußen steht eine Katze.

»Was willst du?«, stottert die Maus.

»Dich!«, faucht die Katze.

Die Maus sagt: »Das geht nicht. Ich muss verreisen. Mein Schiff wartet.«

Gierig streckt die Katze ihre Pfote durch die Tür.

Da lässt die Maus die Tasche und den Koffer fallen. Sie schleudert den Schirm weg und wirft den Rucksack ab. Dann saust sie aus der Tür, zwischen den Beinen der Katze hindurch. Die Maus rennt um ihr Leben. Die Katze rennt hinterher.

»Ich muss den Hafen erreichen!«, keucht die Maus. »Auf dem Schiff bin ich in Sicherheit!«

Aber der Weg bis zum Hafen ist weit.

Gut, dass ich den Koffer nicht tragen muss, denkt die Maus. Und den Rucksack, die Tasche, den Beutel!

Die Katze kommt immer näher.

Endlich erblickt die Maus den Hafen und das Schiff. Groß und bunt ist das Schiff. Viele Leute drängen sich an der Treppe. Die Maus will zwischen den Leuten durchschlüpfen. Aber das geht nicht. Denn überall stehen Koffer und Taschen, Rucksäcke und Beutel. Schon reckt die Katze ihre Pfote.

Da entdeckt die Maus ein Seil. Das Seil führt hinauf auf das Schiff. Die Maus klettert auf dem Seil hinüber. Ängstlich schaut sie sich nach der Katze um. Aber Katzen können nicht auf dem Seil laufen. Die Katze springt über die Koffer und Taschen bis zur Treppe. Jetzt ist sie oben.

Doch am Ende der Treppe steht ein Matrose. »Katzen dürfen nicht auf das Schiff!«, sagt der Matrose. Er jagt die Katze weg.

Die Maus seufzt erleichtert. Doch was soll sie jetzt machen? Ohne Koffer und Rucksack, ohne Tasche und Beutel?

Die Maus betrachtet die vielen Leute. Alle drängeln die Treppe hinauf. Sie schleppen schwere Koffer, riesige Rucksäcke, große Taschen und Beutel. Die Leute schimpfen und stoßen.

Da schaut die Maus aufs Meer und denkt: Ich bin der Katze entkommen. Die Sonne scheint. Wie herrlich ist das Leben!

Sie lehnt sich zurück und hört zu, wie das Meer rauscht.

Christine Nöstlinger
Wie der Franz den roten Tirolerputz bekam

Obwohl der Franz im letzten halben Jahr um eine Handbreit gewachsen ist, ist er immer noch das kleinste Kind in der Klasse. Aber nun ist der Unterschied zwischen ihm und dem zweitkleinsten Kind nicht mehr sehr groß.

Manchmal halten die Leute den Franz noch für ein Mädchen. Wegen seiner blonden Locken, seiner Veilchenaugen und seinem Kirschenmund. Doch so oft wie früher passiert das nicht mehr. Die Nase vom Franz wächst nämlich enorm. Und eine große Nase, sagt der Papa, macht ein Gesicht männlich!

Seit nicht nur die Nase, sondern der ganze Franz tüchtig wächst, ist er seine Probleme also fast los. Dafür hat er aber ein neues dazubekommen.

Das neue Problem vom Franz sind die Krankheiten. Die kommen in letzter Zeit immer zur falschen Zeit! Oft wünscht sich der Franz, krank zu sein. Meistens dann, wenn er nicht in die Schule gehen mag. Doch dieser Wunsch geht nie in Erfüllung. Pumperlgesund bleibt der Franz, wenn er krank sein will. Krank wird er nur, wenn es ihm gar nicht in den Kram passt. Wenn gerade der Zirkus in der Stadt ist oder die Gabi Geburtstag hat.

Der Franz findet das ungerecht und gemein!

Die größte Gemeinheit und Ungerechtigkeit sind aber die roten Juckpusteln. Die bekommt der Franz, wenn er Tomaten, Eier oder Erdbeeren isst. »Das ist eine Allergie«, erklärt die Mama dem Franz. »Das ist nicht weiter schlimm! Du darfst halt keine Erdbeeren und Eier und Tomaten essen.«

Tomaten mag der Franz ohnehin nicht. Auf Eier

kann er auch leicht verzichten. Aber Erdbeeren liebt der Franz über alles. Das Wasser läuft ihm im Mund zusammen, wenn er bloß eine sieht! Und wenn er Erdbeerduft in die Nase bekommt, dann spürt er eine schreckliche Erdbeergier im Magen.

Einmal war der Franz beim Xandi zu einer Gartenparty eingeladen. Und es war gerade Erdbeerzeit. Die Mama vom Xandi hatte unter den Apfelbäumen ein riesiges Büfett hergerichtet. Auf einem langen Tisch standen große Platten. Da gab es: Erdbeertorte und Erdbeerkuchen, Erdbeereis und Erdbeermilch, Erdbeerquarkcreme und Erdbeerstrudel, Erdbeersaft und Erdbeeren in Schokolade getunkt.

»Alles mit Erdbeeren?«, fragte der Franz ganz unglücklich.

»Natürlich«, sagte der Xandi. »Das ist ja auch ein Erdbeerfest!«

Zuerst rührte der Franz keinen Bissen an und trank keinen einzigen Schluck. Aber er hatte kein Mittagessen im Magen. Weil es Mohnnudeln gegeben hatte. Die mochte der Franz nicht. Und da hatte er sich gedacht: Ich lass diese Igittigitt-Pampe stehen und schlag mir dann auf der Gartenparty den Bauch voll.

Immer hungriger wurde der Franz. Und die Gier nach Erdbeeren wurde auch immer größer in ihm. Und alle Kinder um ihn herum stopften sich unentwegt Erdbeeren in den Mund! Da hielt es der Franz nicht mehr aus. Ein kleines Erdbeertörtchen aß er und ein winziges Gläschen Erdbeersaft trank er. Und dann dachte er: Also, wennschon, dann dennschon! Juckpusteln krieg ich sowieso, also kommt es nun auch nicht mehr darauf an! Der Franz aß noch zwei Stück Erdbeertorte und ein Schüsselchen Erdbeercreme und zwei Becher Erdbeereis. Und er trank vier große Becher Erdbeerlimonade. Ein regelrechtes Erdbeer-Festessen veranstaltete er.

Mit einem dicken harten Kugelbauch kam der Franz am Abend nach Hause. Und speiübel war ihm.

»Was hat denn mein Franz?«, fragte der Papa. Der Franz konnte ihm keine Antwort geben. Blitzschnell verschwand er im Klo. Die halbe Klo-schüssel kotzte der Franz voll. Und dabei jammerte er ganz erbärmlich.

Die Mama kam, um dem Franz beizustehen. Der Franz zog schnell die Klospülung. Aber da hatte Mama schon gesehen, dass es in der Kloschüs-sel total erdbeerrosa war mit roten Erdbeerstückchen drinnen. Und sie wusste, was der Franz gegessen hatte. »Ach, Franz«, seufzte sie. »So was von Unvernunft! Und dazu noch so viel!«

Am nächsten Morgen war dem Franz nicht mehr übel. Aber er hatte so viele rote Pusteln auf dem Leib, dass von seiner normalen weißen Haut kaum mehr etwas zu sehen war.

Krebsrot war er. Und ganz rau. Seine Haut fühlte sich wie der Tiroler-putz auf dem Haus von der Tante Trude an. Und das Ärgste war: Vom Scheitel bis zu den kleinen Zehen juckte der verflixte Tirolerputz zum Irrewerden!

Der Franz ging unter die Dusche. Da ließ das Jucken nach. Aber der Papa drehte die Dusche wieder ab.

»Du weißt doch, dass die Pusteln austrocknen müssen«, sagte er. »Wenn du sie im Wasser aufweichst, bleiben sie dir dreimal so lange!«

Obwohl es ein sehr warmer Tag war, zog sich der Franz eine lange Hose und einen Pullover mit langen Ärmeln an.

Damit man möglichst wenig vom Tirolerputz sehen konnte. Am liebsten wäre er ja gar nicht aus dem Haus ge-gangen. Doch der Papa und die Mama sagten: »Jetzt mach kein Theater! Juckpusteln hindern weder am Gehen noch am Schreiben, noch am Denken!«

Alle Kinder in der Klasse bestaunten den Franz. Den meisten Kindern tat er leid. Bloß ein paar lachten über ihn, aber auch nicht sehr.

Nur die Ulli, die war wieder blöd. Die Ulli war das einzige Kind in der Klasse, das der Franz überhaupt nicht leiden konnte. Als sie merkte, dass sich der Franz dauernd kratzte, sagte sie: »Der Franz hat Flöhe und Läuse und Wanzen.«

Der Eberhard nahm den Franz sofort in Schutz. »Aber nein«, sagte der Eberhard zur Ulli, »der Franz hat eine Allergie, und die juckt. Siehst du nicht, dass er einen roten Ausschlag hat?«

»Na klar«, rief die Ulli. »Wenn man Flöhe und Läuse und Wanzen hat, bekommt man nämlich davon einen roten Ausschlag.«

»Nein!«, sagte der Eberhard. »Der Ausschlag kommt von den Erdbeeren!«

»Haha! Von den Erdbeeren!« Die Ulli tippte sich mit dem Zeigefinger auf die Stirn. »So ein Blödsinn! Die Krätze hat er. Und die kommt vom Ungeziefer.«

»Nimm das sofort zurück!«, rief der Eberhard.

»Ich denke nicht daran!«, schrie die Ulli. Und dann rief sie den anderen Kindern zu: »Kommt dem Franz nicht zu nahe. Sonst kriegt ihr Flöhe und Läuse und Wanzen von ihm.«

»Halt sofort den Mund!«, brüllte der Eberhard.

»Schaut! Er kratzt sich schon wieder«, rief die Ulli. Sie zeigte auf den Franz.

»Es ist wirklich nur ein Erdbeerausschlag«, piepste der Franz.

»Lüg nicht, du Flohbeutel!«, rief die Ulli. »Ein Läusesack bist! Ein Wanzenbinkel!« Da knallte ihr der Eberhard eine. Und gerade in dem Augenblick kam der Zickzack in die Klasse.

»Setzen!«, rief der Zickzack, und zum Eberhard sagte er: »Extra-Aufsatz bis morgen! Thema: Warum Starke Schwache nicht schlagen sollen.«

»Aber bitte, ich ...«, protestierte der Eberhard.

»Mund halten!«, rief der Zickzack, nahm die Kreide und schrieb eine Rechnung an die Tafel.

Der Eberhard war im Aufsatzschreiben nicht gut. Und der Franz fand, dass er ihm Hilfe schuldig war. So kam der Eberhard am Nachmittag zum Franz.

Aber so recht wusste der Franz auch nicht, was da nun zu schreiben war. Er holte den Josef. Und der Josef diktierte: »Die Ulli war sehr gemein zum Franz. Aber weil sie viel stärker ist als der Franz, konnte sich der Franz gegen sie nicht wehren. Deshalb habe ich das für ihn erledigt. Wenn die Starken nicht eingreifen, wer schützt dann die ganz Schwachen? Ich ersuche Sie, mir das zu erklären, damit ich mich daran halten kann.«

Am nächsten Tag gab der Eberhard dem Zickzack den Extra-Aufsatz. Der Zickzack las in gleich.

Nachher sagte er zum Eberhard: »Schwieriges Problem! Werde darüber nachdenken.«

Eine Woche lang wartete der Eberhard auf eine Antwort vom Zickzack. Es kam keine. Und dann war die Haut

vom Franz ohnehin wieder glatt und pustelfrei und juckte nicht mehr. Da vergaß der Eberhard, dass ihm der Zickzack noch eine Antwort schuldig war.

Die einzige Krankheit, die der Franz gerecht und gar nicht gemein fand, war der Scharlach. Den bekam nicht er, den bekam der Josef. Aber der Arzt sagte, der Franz könnte sich auch schon mit dem Scharlach angesteckt haben.

»Tut mir leid«, sagte er zum Franz. »Für dich gibt es jetzt drei Wochen Hausarrest. Sonst steckst du noch andere Kinder an.« Der Franz bekam den Scharlach nicht, und die drei Wochen wurden wunderschön. Die Mama nahm sich Urlaub, um den Josef zu pflegen. Aber der schlief meistens. So hatte die Mama jede Menge Zeit für den Franz. Zum Spielen und Geschichtenerzählen, zum Liedersingen und zum Schmusen und zu überhaupt allem, was der Franz nur wollte.

Jetzt fragt der Franz den Josef oft: »Wann kriegst du denn endlich wieder Scharlach?«

Hundertmal hat der Josef dem Franz schon erklärt: »Nie mehr! Scharlach kriegt man nur einmal im Leben.«

Aber der Franz hofft trotzdem. Schließlich gibt es ja im Leben auch immer Ausnahmen.

Herbst

Bunt sind schon die Wälder

1. Bunt sind schon die Wäl-der, gelb die Stop-pel-fel-der, und der Herbst be-ginnt. Ro-te Blät-ter fal-len, grau-e Ne-bel wal-len, küh-ler weht_ der Wind.__

2. Wie die volle Traube
aus dem Rebenlaube
purpurfarbig strahlt!
Am Geländer reifen
Pfirsiche, mit Streifen
rot und weiß bemalt.

3. Flinke Träger springen,
und die Mädchen singen,
alles jubelt froh!
Bunte Bänder schweben
zwischen hohen Reben
auf dem Hut von Stroh.

4. Geige tönt und Flöte
bei der Abendröte
und im Mondesglanz.
Junge Winzerinnen
winken und beginnen
frohen Erntetanz.

Der Herbst steht auf der Leiter

Der Herbst steht auf der Leiter
und malt die Blätter an,
ein lustiger Waldarbeiter,
ein froher Malersmann.

Er kleckst und pinselt fleißig
auf jedes Blattgewächs,
und kommt ein frecher Zeisig,
schwupp, kriegt der auch 'nen Klecks.

Die Tanne spricht zum Herbste:
Das ist ja fürchterlich,
die andern Bäume färbste,
was färbste nicht mal mich?

Die Blätter flattern munter
und finden sich so schön.
Sie werden immer bunter.
Am Ende falln sie runter.
– *Peter Hacks* –

Andrea Schütze
Herbstschätze

In meinem Garten gibt es viele Blumen: Rosenstöcke und Flieder, Geranien und Kapuzinerkresse, Hortensien, Vergissmeinnicht und purpurfarbenen Sonnenhut. Sie leuchten in den buntesten Farben um die Wette.

Doch wenn der Herbst naht, sind die meisten längst verblüht. Nur ein paar späte Sonnenblumen sind noch da, und ich hole die trockenen Blütenkugeln der Hortensien ins Haus, weil sie in meiner schönsten Vase so hübsch aussehen.

In meinem Garten gibt es aber auch ein Geheimnis. Ich hatte schon länger einen Verdacht, doch dieses Jahr habe ich es mit eigenen Augen gesehen. Und das kam so.

Wir waren gerade zurück vom Drachensteigen. Der Wind hatte uns um die Ohren gepfiffen, und unsere Nacken schmerzten vom In-den-Himmel-Gucken. Nun steckten unsere Füße in bunten Wollsocken, wir tranken heißen Kakao und bröselten Kekskrümel aufs Sofa. Aber weil es mir um die Nasenspitze immer noch etwas kalt war, ging ich nach draußen, um Holz für den Ofen zu holen.

Die Nachmittagssonne blinzelte flach über den Zaun und tauchte den Garten in ein orangefarbenes Herbstlichtermeer. Die Blätter an den Bäumen leuchteten wie Goldstücke, und man

konnte ihre feinen Adern hindurchschimmern sehen. Meine Füße in den großen Gummistiefeln raschelten im Laub. Ich bückte mich nach ein paar Walnüssen, die vom Nachbarbaum in unseren Garten gefallen waren. Auf dem Komposthaufen wuchs ein Halloween-Kürbis gemächlich vor sich hin. Er war jetzt schon fast so groß wie ein Fußball.

Als ich den leeren Holzkorb abstellte, entdeckte ich auf den Stufen zum Schuppen Schuhabdrücke.

Kleine Schuhabdrücke.

Sie waren so winzig, dass ich zuerst dachte, es seien gewöhnliche Matschflecken. Und von denen gab es eine Menge. Denn niemand trat sich die Füße ab, bevor er in den Schuppen ging. Ich bückte mich hinunter, weil ich erst nicht sicher war, ob ich meinen Augen wirklich trauen konnte. Doch, tatsächlich. Schuhspuren, so groß wie ein Daumenabdruck, höchstens.

Verwundert richtete ich mich auf. Das konnte nicht sein! Ob hier jemand mit den Puppen gespielt hatte? Nein, so kleine Schuhe besaßen selbst die nicht.

Da bemerkte ich, dass die Schuppentür einen Spalt breit offen stand. Vorsichtig stupste ich sie an. Sie quietschte in den Angeln, und plötzlich hatte ich ein seltsam mulmiges Gefühl im Bauch.

»Hallo?«, wisperte ich in die Dunkelheit. Gleichzeitig musste ich über mich selber lachen. Was glaubte ich denn, in meinem eigenen Schuppen zu finden? Einen Zwerg oder eine Elfe? So was gab's doch gar nicht.

Doch als ich wirklich eine Antwort erhielt, bekam ich einen gehörigen Schreck.

»Will mir nurrdimurr was borgen«, sagte Ling Pfiffer, ein seltsames Wesen mit Riesenhut. Offensichtlich war es gerade dabei, mein geblümtes Lieblingsschäufelchen zu klauen!

Er war ein Herbstling, wie er mir sogleich erklärte. Und eigentlich

waren Herbstlinge für Menschen gar nicht sichtbar, ja niemand wusste, dass es sie überhaupt gab. Denn man bekam sie einfach nie zu Gesicht. Immerzu hatten sie alle Hände voll zu tun. Ohne dass man es so recht mitbekam, verschwanden über den Herbst nämlich nach und nach Sachen aus den Gärten, die man im Sommer gerade noch gebraucht hatte. Bei uns waren es Sandförmchen, Straßenkreidestücke, Windlichter, geheimversteckte Haustürersatzschlüssel und noch vieles mehr. Und wenn uns die erste Frühlingssonne in den Garten lockte und nichts mehr an seinem Platz war, dann konnten wir davon ausgehen, dass ein Herbstling sich die Sachen ausgeborgdimorgt hatte.

»Gibt es in jedem Garten einen von euch?«, habe ich Ling Pfiffer gefragt.

»Aber neindimein, nur in den wilden«, erwiderte Ling Pfiffer, »den bunten und geheimnisvollen, den mit rundimunden Ecken und Bäumen zum Klettern, den mit luftdimuften Schaukeln in den Ästen und gelbdimelben Mirabellen am Baum.«

»Und was hast du mit meiner Schaufel vor?«, wollte ich wissen.

»Soll ich es dir zeigdimeigen?«, fragte Ling Pfiffer.

»Gerndimern«, habe ich geantwortet, weil das Herbstlingsprache ist.

Wir raschelten gemeinsam durch das trockene Laub, wobei sich Ling Pfiffer seinen Weg nicht über, sondern unter der Blätterdecke bahnte. Durch die Fenster sah ich, dass die Kinder unter einer Wolldecke kuschelten und der Fernseher lief. Ich hatte also jede Menge Zeit.

»Herbstlinge haben ihr Hausdimaus immer dortdimort, wo das erste Herbstblatt des Jahres landet«, erklärte Ling.

»Aha«, sagte ich, »und wenn das mitten auf dem Rasen passiertdimirt?«

Ling schaute mich an, als hätte ich etwas sehr Dummes gesagt. Vielleicht hatte ich falsch Herbstlingig gesprochen?

»Dann tragedimage ich es dorthin, wo ich mein Hausdimaus haben will«, sagte er und kicherte. »Aber dieses Jahr hat es tolldimoll geklappt. Guck!«

Und schon war der kleine Herbstling verschwunden.

»Ling?«, rief ich leise, »Ling, wo bist du hindimin?«

»Suchen Sie was?«, fragte da meine neugierige Nachbarin über den Zaun.

»Ähm«, sagte ich, »Kastanien.«

»Unter einem Apfelbaum?«, fragte die Nachbarin und stützte sich auf ihren Rechen.

»Deswegen muss ich ja suchen«, erwiderte ich.

Die Nachbarin schüttelte den Kopf und vertiefte sich wieder in ihre Arbeit. *Schremm, schremm, schremm*, schabte ihr Laubrechen über das Gras.

»Wo bleibst du denn?«, rief Ling.

Seine Stimme kam aus dem Brombeergebüsch hinter dem Holunder. Ich ging in die Hocke und krabbelte auf Lings Versteck zu. Meine Strickjacke schleifte durchs Laub, und Kletten hakten sich daran fest. Vorsichtig drückte ich ein paar der stacheligen Ranken beiseite und staunte nicht schlecht: Jetzt wusste ich endlich, wohin das Kaninchenhaus vom letzten Jahr verschwunden war! Der kleine Herbstling hatte es sich darin gemütlich gemacht und werkelte nun geschäftig in seinem Häuschen umher.

Ich kroch noch näher heran und entdeckte allerlei andere vermisste Dinge: In meiner Schaufel vom letzten Jahr bewahrte Ling Haselnüsse auf, in der vom vorletzten Jahr lag ein winziges Kissen und eine bunte Decke, beides gehörte Puppe Lulu. Das Windlicht diente als Ofen, mit der bunten Kreide hatte er die Wände bemalt, das Seesternsandförmchen war ein Tisch, und das Bananenförmchen ergab einen gemütlichen

Schaukelstuhl. Und da war ja auch unser lang gesuchter Ersatzschlüssel, der wie eine Herdplatte über dem Windlicht lag. Es gab auch noch jede Menge verlorene Haargummis und Spangen, Eisstäbchen, Strohhalme, Spielzeugfiguren, Seilreste und …

»… meine Uhr!«, rief ich. »Da ist sie ja.« Sie hing über dem Bettchen und tickte vor sich hin. Doch ich konnte es einfach nicht über mich bringen, sie Ling Pfiffer wieder wegzunehmen. »Ach, sie hat mir eh nie gefallen«, schwindelte ich.

Dann legte ich dem kleinen Herbstling mein Schäufelchen vor den Eingang, rückte die Brombeerranken wieder zurecht und nahm mir vor, Ling Pfiffer hin und wieder mal etwas ganz Besonderes vor sein Häusdimäuschen zu legen.

»Magst du Kekse?«, wisperte ich, während ich versuchte, rückwärts aus dem Gebüsch zu kriechen.

»Jadima!«, rief Ling und winkte mir zum Abschied.

»Ich lege dirdimir welche rausdimaus«, sagte ich.

Und als ich in meinen großen Stiefeln ins Haus zurückschlurfte und ganz vergaß, Brennholz mitzubringen, betrachtete ich den herbstlichen Garten, der golden im letzten Sonnenlicht lag, und dachte an Ling Pfiffer in seinem Häuschen voller kostbarer Herbstschätze.

Katja Reider

Das Geheimnis der Haselnuss-Diebe

Eines sonnigen Septembermorgens besuchte die kleine Krähe Krax ihren Freund Darius Dachs. Der Wald-Detektiv saß wie üblich vor seinem Dachsbau, aber heute – nanu! – wandte er seiner Freundin den Rücken zu.

»Pst! Keinen Mucks«, rief er. »Ich werde erraten, wer gekommen ist. Das ist für einen Meisterdetektiv wie mich ein Kinderspiel! Also, ich kombiniere: Da ich kein Röhren oder Schnauben gehört habe, bist du weder ein Hirsch noch ein Wildschwein. Und der Käfer dort drüben ist in Deckung gegangen. Du könntest also ein Vogel sein …! Ja, da war Flügelschlag aus nördlicher Richtung. Und wer hat dort ihr Nest? – Nur eine: meine Freundin Krax!«

Darius Dachs drehte sich um und sah die kleine Krähe triumphierend an.

Aber die kicherte nur. »Du wusstest doch genau, dass ich es bin«, sagte sie. »Schließlich hast du mich zum Frühstück eingeladen.«

Beleidigt blinzelte Darius Dachs in die Morgensonne. Aber dann war sein Ärger vergessen, und die zwei schmausten zufrieden.

Nach dem Frühstück wurde es Zeit für den täglichen Erkundungsflug der beiden Freunde, Krax setzte sich auf Darius' Schulter, und schon ging es, hügelauf, hügelab, quer durch den Wald. Um ein Haar wären die beiden über die Eichhörnchen-Brüder Keck und Knabber gestolpert, die sich hinter einem Gebüsch versteckten.

»Was macht ihr denn da?«, rief Darius Dachs.

»Pst«, wisperte Keck. »Wir sind heute Detektive. Genau wie du!«

»Wir servieren gerade«, erklärte Knabber wichtig.

»Oh, was serviert ihr denn Gutes?«, fragte Krax neugierig.

»Knabber meint *observieren*, nicht servieren«, erklärte Darius Dachs. »Observieren heißt: jemanden beobachten.«

Er seufzte. Heutzutage spielte sich jedes hergelaufene Eichhörnchen als Detektiv auf!

»Servieren – sag ich doch!«, beharrte Knabber. »Wir haben eine Diebesbande auf frischer Tat ertappt. Wollt ihr mal sehen?«

Keck und Knabber bogen die Zweige auseinander, sodass die beiden Freunde hindurchschauen konnten.

»Das ist ja nicht zu glauben!«, zischte Krax empört.

Keine drei Meter von ihrem Versteck entfernt regnete es Haselnüsse. Ein Hamsterpaar rüttelte und schüttelte nach Kräften den größten Haselnussstrauch des Waldes. Sieben kleine Hamster sammelten die heruntergefallenen Nüsse auf und stopften sie flink in ihre dicken Hamsterbacken. Schon bald lag keine einzige Nuss mehr am Boden.

»So viele Nüsse, welch ein Glück! Kommt, wir gehen nach Haus zurück«, rief die Hamster-Mama.

Die Kleinen nickten, und – *husch* – waren alle verschwunden.

Empört krabbelten die Freunde aus ihrem Versteck.

»So eine Frechheit«, schimpfte Knabber. »Da klauen diese fremden Hamster einfach unsere Haselnüsse! Sie sind jetzt gerade richtig: knackfrisch und lecker. Seit Monaten freue ich mich darauf!«

»Kommt«, sagte Darius Dachs. »Wir dürfen die Spur der Diebe nicht verlieren!« Die Hamster waren durch den Wald gerannt und überquerten gerade im Gänsemarsch die große Wiese. Dabei zählte der Hamster-Vater seine Kleinen: »Eins, zwei, drei, vier, fünf, sechs, sieben. Eines ist zu Haus geblieben. Also seid ihr alle da, das beruhigt euren Papa.«

Anscheinend hatten die Hamster ihr Ziel erreicht. Denn plötzlich ließen sie sich ins Gras fallen und waren verschwunden.

»Jetzt sehen wir nicht, wo sie die Nüsse verstecken«, jammerten die Eichhörnchen. »Die Gräser sind zu hoch.«

»Ich könnte eine Runde über die Wiese fliegen«, schlug die kleine Krähe Krax vor. »Von oben habe ich alles im Blick.«

»Zu gefährlich!«, sagte Darius Dachs. »Wenn die Hamster dich bemerken, vernichten sie sofort alle Beweismittel.«

»Was für Mittel?«, fragte Knabber.

Der Wald-Detektiv seufzte. »Dann fressen die Hamster die Haselnüsse auf. Wir müssen vorsichtig sein.«

»Klar!« Keck und Knabber nickten eifrig.

»Passt auf«, sagte Darius Dachs, »ich klettere jetzt auf den großen Baum dort. Von oben kann ich die Hamster nämlich bestens …«

»… beschatten!«, riefen die Eichhörnchen-Brüder begeistert. »Klar! Aber sollten nicht besser wir auf den Baum? Wir sind Kletterer!«

»Und ich bin Detektiv«, sagte Darius Dachs. »Ihr drei wartet hier!«

Schon schlich er zu dem Baum und zog sich hinauf. Höher und höher bis auf eine Astgabel über dem Hamster-Lager.

Gerade brachte die Hamster-Mama ihr Jüngstes zu Bett. »Noch eine kleine Nuss und einen dicken Kuss, dann ist aber Schluss«, sagte sie.

»Oje«, flüsterte Darius Dachs. »Die essen schon alle Nüsse auf. Ich muss eingreifen!«

Da hörte er ein lautes Krachen, dann das Knirschen von splitterndem Holz. Und schon stürzte der Wald-Detektiv mitsamt seinem Ast zu Boden, mitten hinein in die Hamsterfamilie!

Die anderen drei hatten von ihrem Versteck aus alles beobachtet.

»Kommt schon«, rief Krax. »Wir müssen helfen!«

Aber Keck und Knabber schüttelten die Köpfe. »Wir bleiben lieber hier und geben dir … äh … Rückendeckung!«

»Feiglinge!«, rief die kleine Krähe und flatterte davon. Zum Glück war weder Darius Dachs noch den Hamstern etwas passiert.

Alle hatten sich nur furchtbar erschrocken.

»B-b-bist du denn t-t-total verrückt? F-f-fast hättest d-d-du uns plattgedrückt!«, sagte der Hamster-Papa zu Darius Dachs.

Und die Hamster-Mama fragte: »Wie ist das Unglück denn passiert? Hast du vom Baum aus spioniert?«

Darius Dachs und die kleine Krähe Krax schauten sich verlegen an.

»Wir wollten nur herausfinden, was ihr mit unseren Haselnüssen vorhabt«, sagte Darius schließlich.

»Das wollten wir euch längst sagen und um Hilfe fragen«, riefen die kleinen Hamster. »Doch wen wir auch trafen, auf Wald oder Wiese, keiner sprach mit uns, alle machten die Düse.«

»Wir sammeln einen Vorrat an Korn und Nüssen, weil wir im Winter davon leben müssen«, erklärte der Hamster-Vater. »Drei Hügel weiter, durchs Moor geradeaus, zwischen zwei Linden war unser Zuhaus. Ein Feuer hat unsere Sträucher zerstört. Die Felder, die Nüsse und alles, was dazugehört.«

»Wenn wir das gewusst hätten …«, sagte Krax entschuldigend.

»Und warum sprecht ihr so seltsam?«, fragte Darius Dachs.

»Es ist eine Sprache wie andere auch«, erklärte die Hamster-Mama. »Bei uns in täglichem Gebrauch.«

Die kleinen Hamster nickten eifrig. »Bei uns daheim sprechen alle im Reim. Wer da redet wie ihr, gilt als seltsames Tier.«

»Das ist ja verdreht«, wunderte sich Krax.

»Nein, jetzt ist alles klar!«, rief Darius Dachs. »Wir helfen den Hamstern, einen Vorrat an Korn und Nüssen in ihren Wald zu bringen. Damit sie gut über den Winter kommen. Keck und Knabber machen sicher auch mit.«

»Das will ich ihnen raten«, sagte Krax grimmig.

Die Hamster jubelten. »Ihr wollt uns wirklich helfen?«, fragten sie.

»Klar«, sagte die kleine Krähe. »Aber ihr müsst uns auf dem Weg eure Sprache beibringen.«

Damit waren die Hamster natürlich einverstanden.

Und so zog am nächsten Morgen eine schwer bepackte Karawane durch den Wald: an der Spitze die Hamsterfamilie, dann Keck und Knabber und am Schluss Wald-Detektiv Darius Dachs. Die kleine Krähe Krax war ein Stück vorausgeflogen, aber jetzt ließ sie sich gemütlich auf der Schulter ihres Freundes nieder.

Der seufzte. »Diese Reimerei ist schwer, findest du nicht?«

»Nö«, sagte Krax. »Wer ist der Vogel für alle Fälle? Wer löst die Rätsel in Blitzesschnelle? Wer hat so viel Verstand und Grips und gibt dem Dachs die besten Tipps? Wer ist der Retter in der Not, wenn's brenzlig wird und Ärger droht? – Es ist der Vogel in deiner Nähe, es ist Krax, die Super-Krähe!«

Und da war Darius Dachs, der berühmte Wald-Detektiv, zum ersten Male sprachlos …

Mareike Brombacher

Das kleine rote Ahornblatt

Der Wind blies stärker, es wurde kälter draußen – der Herbst war da. Am Ahornbaum im Stadtpark hing ein kleines rotes Blatt zwischen all den grünen, gelben und orangefarbenen Blättern. Bis vor Kurzem war es noch grün gewesen, aber nun strahlte es in einem leuchtenden Rot.

»Darf ich für immer so rot bleiben?«, fragte es ein großes gelbes Blatt, das am Nachbarzweig hing.

»Aber nein, alle Blätter werden erst rot, dann gelb, dann braun – so haben wir es doch in der Blätterschule gelernt. Irgendwann kommt der Herbstwind und holt uns ab.«

Das kleine rote Blatt kannte den Wind. An manchen Tagen wiegte er die Blätter sanft in den Schlaf, an anderen zerrte er an den Zweigen des Baumes. Aber vom Herbstwind hatte es noch nie gehört. »Ist der gefährlich?«, fragte es daher ängstlich.

Das große Blatt lachte. »Der Herbstwind ist unser Taxi, das uns in den Schlafurlaub trägt.«

»Ich will aber nicht fort, und ich will auch nicht gelb oder braun werden, ich will für immer rot sein!«, sagte das kleine Ahornblatt trotzig. »Rot ist nämlich meine Lieblingsfarbe!«

Plötzlich erzitterte der Baum, und eine tiefe Stimme sprach: »Wenn du willst, dann halte ich dich in diesem Herbst fest. Dann bleibst du rot. Willst du das?«

Das kleine rote Blatt freute sich. »Oh, lieber Baum, das ist eine schöne Idee. Vielen Dank!«, rief es.

Das große Blatt sah besorgt aus. »Aber du weißt doch gar nicht ...« Da kam ein starker Windstoß. Das große Blatt wurde hoch in die Luft gewir-

102

belt, drehte sich einmal um sich selbst und segelte in einem eleganten Bogen davon.

Die Zacken des kleinen roten Blattes flatterten im Wind. »Fliegt ihr doch alle mit eurem blöden Windtaxi davon, ich bleibe hier hängen und leuchte herrlich rot in der Sonne!«, rief das kleine rote Blatt in den Wind hinein.

Allmählich wurden die Tage kürzer, und die Sonne war nur noch wenige Stunden am Tag zu sehen. Es war so dunkel!

»Willst du immer noch, dass ich dich festhalte?«, fragte der Baum.

»Aber ja, ich bleibe hier!«, sagte das kleine rote Blatt trotzig, obwohl es ein wenig einsam war – alle anderen Blätter waren inzwischen davongeflogen. Nur die Vögel waren noch da.

»Kleine Nachtigall, wo bist du?«, rief das kleine Blatt.

»Hier bin ich«, zwitscherte die Nachtigall und setzte sich auf den Zweig, an dem das kleine rote Blatt hing. »Ich wollte mich verabschieden. Ich reise nämlich in den Süden, nach Afrika. Mir ist es hier zu kalt.«

Traurig sah das kleine Blatt den Vogel an. »Für immer?«, fragte es leise.

»Nein, nicht für immer«, sagte der kleine Vogel, »ich mache das jedes Jahr. Im Frühling komme ich zurück. Mach's gut, kleines Blatt!«

Die Nachtigall flatterte davon. Das kleine rote Blatt sah ihr lange nach.

»Willst du immer noch, dass ich dich festhalte?«, fragte der Baum.

»Aber ja, ich bleibe hier!«, antwortete das kleine rote Blatt und schluckte – nun war es sich gar nicht mehr so sicher, ob es wirklich bleiben wollte. Es hatte nicht gewusst, dass einige Vögel im Winter woanders leben.

Eines Tages rieselte etwas Weißes vom Himmel herab. Das ist ja ein seltsamer Regen, dachte das kleine Blatt, als es die zarten Flocken auf seinen Zacken spürte. So kalt und weich und leicht.

Der seltsame weiße Regen bedeckte die ganze Erde, die Pflanzen, die

Häuser und die Bäume. Das kleine rote Blatt hatte noch nie Schnee gesehen. Einige Tage später hingen funkelnde Eiszapfen von den Zweigen herab. Sie glitzerten in der Sonne. Das kleine rote Blatt konnte sich gar nicht an ihnen sattsehen.

»Ich mache einen Schnee-Engel!«, rief da plötzlich eine Kinderstimme. Zwei Kinder, ein Mädchen und ein Junge, zogen ihre Schlitten hinter sich her durch den Park. Unter dem Ahornbaum blieben sie stehen. Das Mädchen legte sich auf den Rücken in den Schnee und bewegte die Arme auf und ab, als hätte es Flügel. Auch die Beine schob es erst zusammen, dann auseinander, wie beim Hampelmann. Der Junge zog das Mädchen an der Hand hoch. Zurück blieb ein Abdruck im Schnee, der aussah wie ein Engel in einem Kleid. Das kleine rote Blatt staunte: Der seltsame weiße Regen wurde also Schnee genannt.

»Willst du immer noch, dass ich dich festhalte?«, fragte der Baum.

»Aber ja, auf jeden Fall!«, rief das kleine rote Blatt, nun wieder selbstbewusst.

Eines Abends kam der Stadtgärtner in den Park. Das kleine rote Blatt beobachtete, wie er kleine Lämpchen an den Zweigen eines Tannenbaums befestigte. Als es dunkel wurde, erlebte das kleine rote Blatt ein Wunder: Der Tannenbaum strahlte festlich im dunklen Park. Das kleine rote Blatt freute sich. Dass bald Weihnachten war, wusste es nicht, denn mit den Festen der Menschen kannte es sich nicht aus.

Einige Tage später schreckte das Blatt aus dem Schlaf hoch: Laute Ex-

plosionen und Knaller donnerten durch den Park, eine Rakete schoss nur knapp an dem kleinen Blatt vorbei. Ein Funkenregen ergoss sich über den Himmel.

Was für eine Aufregung! Das neue Jahr hatte begonnen, und die Menschen feierten Silvester; aber auch das wusste das kleine rote Blatt nicht. Es hatte Angst.

»Willst du immer noch, dass ich dich festhalte?«, fragte der Baum.

»Aber ja, aber ja«, sagte das Blatt. Es zitterte. Bald war die Knallerei zu Ende, und es schlief erschöpft ein.

Die Tage wurden allmählich länger, und das kleine rote Blatt blinzelte ins Sonnenlicht. Es war so müde, eigentlich wollte es nur noch schlafen.

Eines Tages hörte es ein vertrautes Zwitschern, und als es aufsah, saß seine Freundin, die Nachtigall, neben ihm. »Du bist wieder da? Ist denn schon Frühling?«, fragte das kleine rote Blatt und gähnte.

»Ja, sieh doch, dein Baum hat auch schon Knospen«, rief die Nachtigall.

Überrascht sah das kleine rote Blatt sich um. Es hatte gar nicht bemerkt, dass alles zu sprießen begonnen hatte! Der Rasen, die Büsche, dahinten wuchsen sogar Krokusse im Beet! Und an den Zweigen des Ahornbaumes sprossen viele kleine hellgrüne Blätter.

Als sich das erste Blatt entfaltete, erblickte es das kleine rote Blatt. »Hallo, wer bist du denn?«, fragte es.

»Ich bin auch ein Ahornblatt«, sagte das rote Blatt und gähnte wieder.

»Wieso bist du rot und nicht hellgrün wie ich?«, fragte es.

»Ich wollte gerne rot bleiben und nicht vom Windtaxi in den Schlafurlaub getragen werden.«

Als die anderen Knospen diese Worte hörten, entfalteten sie neugierig ihre Blätter.

»Und was passierte dann?«, fragte das hellgrüne Blatt.

Das kleine rote Blatt erzählte von Vögeln, die nach Afrika flogen, von weißem Regen, der sich Schnee nennt, von glitzernden Eiszapfen, leuchtenden Tannenbäumen, einem Engel im Schnee und gefährlichen Raketen. Die anderen Blätter lauschten gespannt. Plötzlich ertönte eine tiefe Stimme: »Willst du immer noch, dass ich dich festhalte?«, fragte der Baum.

»Nein, lieber Baum, kannst du mich mit dem Frühlingswind mitschicken? Ich bin so müde!«

Da ließ der Baum das kleine Blatt los. Mit dem nächsten Windstoß flog es davon.

Auf dem Ahornbaum erzählte man sich noch lange die Geschichte vom kleinen roten Blatt, das nicht in den Schlafurlaub fliegen wollte und von Engeln und Raketen gesprochen hatte.

Spannenlanger Hansel

1. Span-nen-lan-ger Han-sel, nu-del-di-cke Dirn,

gehn wir in den Gar-ten, schüt-teln wir die Birn'.

Schüt-tel ich die gro-ßen, schüt-telst du die klein'n,

wenn das Säck-lein voll ist, gehn wir wie-der heim.

2. Lauf doch nicht so närrisch,
spangenlanger Hans!
Ich verlier die Birnen
und die Schuh noch ganz.
Trägst ja nur die kleinen,
nudeldicke Dirn,
und ich schlepp den schweren Sack
mit den großen Birn'.

Antonia Michaelis

Die erste Ernteschlacht in Gummistiefeln

Kennt ihr Erntedank? Das ist ein Fest im Herbst, da trägt man Früchte in die Kirche und singt. Ist eigentlich ganz nett, nur ein bisschen langweilig. Aber dieses Jahr hat meine Klasse das Erntedankfest bei uns richtig gerockt.

Unsere Lehrerin fand, wir sollten alle in der Kirche Gedichte aufsagen, auch die Nichtchristen, weil es für ein Fest ja egal ist. Sie teilte buntes Papier aus und Pappkartons und so was, weil wir uns als Gemüse und Obst verkleiden sollten.

»Ich bin eine Gurke!«, rief Mia.

Jonny wollte ein Maschinengewehr sein, was leider nicht ging. Unsere Lehrerin schlug *Banane* vor, die war von der Form ähnlich. Und ich war eine Weizenähre, mit einem Hut aus ganz vielen langen Fransen, das sah oberlustig aus.

Mahmoud war eine Birne mit einem Wurm. Den Wurm machte er aus Stoff, da konnte er von innen den Arm reinstecken wie bei einer Handpuppe.

Mahmoud und ich sind beste Freunde, außer, wenn wir uns streiten, was fast immer ist.

»Der Wurm ist total baby«, sagte ich.

»Weizenähren sind total peinlich«, sagte Mahmoud.

Unsere Gedichte schrieben wir auf Plakate und drahteten Stöcke daran, um die Plakate hochzuhalten. Auf diese schlaue Weise konnten wir ablesen, was da stand, und mussten es uns nicht merken. Wir waren nämlich in der zweiten Klasse und konnten schon lesen.

Beim Üben hielt Nina ihr Plakat allerdings falsch herum, mit dem

Stock nach oben. Eslem kicherte darüber so sehr, dass sie in ihrem runden Apfelkostüm umfiel.

»In der Kirche muss das besser klappen!«, sagte die Lehrerin.

Wir versprachen, leise und brav zu sein, weil sie uns dann zum Eis einladen würde. Das macht sie immer, wenn sie verzweifelt ist. Manchmal kriegt meine Klasse in einem Monat drei Mal Eis.

Unsere Lehrerin wollte, dass sich alle Kinder vor der Kirche trafen, aber ich hatte eine viel bessere Idee.

»Kommt alle zu mir!«, sagte ich in der Pause zu den anderen. »Wir gehen von da zur Kirche, dann sehen viel mehr Leute die coolen Verkleidungen. Und den uncoolen Wurm von Mahmoud.«

»Und die peinlichen Weizenfransen auf deinem Kopf«, sagte Mahmoud.

Am Erntedank-Sonntag regnete es. Jonny sagte, dass er jetzt bestimmt die erste Banane der Welt wäre, die Gummistiefel anhätte.

Ich nahm von zu Hause noch unseren aufblasbaren Halloween-Kürbis mit. Den wollten wir auf den Altar legen, zu den echten Früchten. Er steckte in einer Tüte, bei den anderen Aufblas-Sachen für den Strand.

Und so zogen wir los.

Es sah sehr schön aus, vor allem mit den Plakaten, die wir hochhielten.

»Alle Macht dem Obst!«, schrie Mahmoud.

Eigentlich war ich ja Getreide, aber weil es das nicht gab, entschied ich mich für Gemüse.

»Gemüse vor!«, rief ich.

Die Leute auf der Straße lachten. Doch leider löste die Pappe sich im Regen ein bisschen auf, und die Farbe tropfte von den Schildern.

Als wir schließlich bei der Kirche ankamen, konnte man beinahe nichts mehr darauf erkennen. Dafür liefen jetzt eine Menge Kinder hinter uns her, die mit uns in die Kirche schlüpften. Sie wollten alle zugucken, und die Kirche wurde gleich viel voller.

Unsere Schilder hinterließen bunte Tropfen auf dem weißen Steinboden. Rot, grün, blau, gelb. Unsere Gummistiefel hinterließen ebenfalls Spuren. Es war sehr hübsch.

Am Altar stellten sich die Gemüse-Kinder links hin und die Obst-Kinder nach rechts.

Ich strich mir die nassen Papierfransen aus dem Gesicht ... dabei blieben sie leider an meinen Fingern kleben und rissen ab. Auf meinem Schild stand etwas mit *Gaben* und *danken* und *haben*.

»Wir danken Gott für seine Gaben«, sagte ich, »und wollen Schokolade haben.«

Die Lehrerin schüttelte wild den Kopf. Mahmoud kicherte. Haha, der konnte sein Schild auch nicht lesen. Ich wusste aber noch, was draufstand, nämlich: *Die Ernte hast du uns geschenkt, weshalb man heute dir gedenkt.*

Mahmoud sagte: »Der Erste, der kriegt ein Geschenk, wenn er das Auto richtig lenkt.«

»Falsch!«, rief Nina, die Karotte. »Klar, dass Birnen nicht lesen können! Obst ist doof!«

»Gemüse ist viel döfer!«, rief Jonny, nahm eine echte Banane vom Altar und zielte auf uns, als wäre sie eine Waffe. »Peng, peng!«

Beim letzten *Peng* flutschte ihm die Banane weg, traf die Gurken-Mia am Ohr und zerplatzte.

Die Gurken-Mia nahm einen Apfel und schoss zurück. Er landete auf Jonnys Kopf und verwandelte sich in Apfelmus.

»Nehmt das!«, brüllte ich und warf zwei Aprikosen.

»Nehmt dies!«, brüllte Mahmoud und schleuderte eine Pflaume.

Die Lehrerin sprang zwischen uns, doch es half nichts. Die Kinder, die zusahen, hopsten auf den Bänken auf und ab.

»Macht das Gemüse fertig!«, riefen sie begeistert. Und: »Zeigt es dem Obst!«

Da wurde es dem Pfarrer zu viel. »Singen!«, rief er. »Wir müssen die wilden Früchte besänftigen! Singen!«

Da sangen die Leute, aber sie sangen ganz schief und komisch. Ich glaube, sie mussten alle lachen. Für Garantie hatten sie noch nie so viel Action in ihrer Kirche gehabt. Schließlich gab es keine Früchte mehr zum Werfen. Mahmoud steckte mir seine Wurm-Hand hin und sagte: »Okay, Gleichstand.«

Wir schüttelten uns die Hände und grinsten.

Da fiel mir der Kürbis ein, den ich noch auf den Altar tun wollte. Ich holte ihn aus meiner Tüte und blies ihn auf, und Mahmoud legte ihn auf den Altar zwischen die Blumen. Alle starrten ihn verwundert an. Ich starrte ihn auch verwundert an.

Ich hatte wohl die Tüten verwechselt.

Es war kein Kürbis. Es war der große blaue Gummiwal, den wir im Sommer immer im Badesee benutzen. Die Kinder lachten, und eines rief: »Kirche ist viel lustiger, als ich dachte!«

Da klatschten alle. Mia holte unsere Lehrerin nach vorne.

»Sie hat das mit uns eingeübt!«, rief sie, woraufhin auch die Lehrerin beklatscht wurde. Sie wurde furchtbar rot dabei.

»Jetzt helft ihr aber putzen!«, zischte sie.

»Au ja!«, sagte Lisa. »Dann kriegen wir ja hinterher zwei Eise! Eins fürs Helfen und eins, weil wir uns in der Kirche so gut benommen haben.«

Herr von Ribbeck auf Ribbeck im Havelland

Herr von Ribbeck auf Ribbeck im Havelland,
ein Birnbaum in seinem Garten stand,
und kam die goldene Herbsteszeit
und die Birnen leuchteten weit und breit,
da stopfte, wenn's Mittag vom Turme scholl,
der von Ribbeck sich beide Taschen voll,
und kam in Pantinen ein Junge daher,
so rief er: »Junge, wiste 'ne Beer?«,
und kam ein Mädel, so rief er: »Lütt Dirn,
kumm man röwer, ick hebb 'ne Birn.«

So ging es viel Jahre, bis lobesam
der von Ribbeck auf Ribbeck zu sterben kam.
Er fühlte sein Ende. 's war Herbsteszeit,
wieder lachten die Birnen weit und breit;
da sagte von Ribbeck: »Ich scheide nun ab.
Legt mir eine Birne mit ins Grab.«
Und drei Tage drauf, aus dem Doppeldachhaus,
trugen von Ribbeck sie hinaus,
alle Bauern und Büdner mit Feiergesicht
sangen »Jesus meine Zuversicht«,
und die Kinder klagten, das Herze schwer:
»He is dod nu. Wer giwt uns nu 'ne Beer?«

So klagten die Kinder. Das war nicht recht –
ach, sie kannten den alten Ribbeck schlecht;
der neue freilich, der knausert und spart,
hält Park und Birnbaum strenge verwahrt.
Aber der alte, vorahnend schon
und voll Misstraun gegen den eigenen Sohn,
der wusste genau, was damals er tat,
als um eine Birn' ins Grab er bat,
und im dritten Jahr aus dem stillen Haus
ein Birnbaumsprössling sprosst heraus.

Und die Jahre gingen wohl auf und ab,
längst wölbt sich ein Birnbaum über dem Grab,
und in der goldenen Herbsteszeit
leuchtet's wieder weit und breit.
Und kommt ein Jung' übern Kirchhof her,
so flüstert's im Baume: »Wiste 'ne Beer?«
Und kommt ein Mädel, so flüstert's: »Lütt Dirn,
kumm man röwer, ick gew' di 'ne Birn.«

So spendet Segen noch immer die Hand
des von Ribbeck auf Ribbeck im Havelland.
– *Theodor Fontane* –

Marliese Arold
Wenn Drachen Drachen steigen lassen …

Es ist Herbst. Die Tage werden kürzer, und in den Drachenbergen ist es schon so kalt, dass die Drachen mit den Zähnen klappern. Aber wenn das große Lagerfeuer brennt, wird es richtig gemütlich. Der kleine Drache Dragomir darf ganz dicht am Feuer sitzen. »Erzähl mir von den Menschen, Papa!«, bittet er seinen Vater. »Stimmt es, dass sie im Herbst Drachen steigen lassen?«

»Nun ja«, murmelt Papa Drache. »Davon habe ich auch schon gehört.«

»Wie machen sie das?«, fragt Dragomir weiter. Er gruselt sich ein bisschen. »Fangen sie uns und binden uns dann an eine Schnur?«

»Das ist ganz anders«, behauptet Papa Drache. »Die Menschen fangen keine Drachen. Sie basteln sich welche aus Papier. Und die lassen sie dann auf den Feldern in die Luft steigen, wenn es windig ist.«

In dieser Nacht kann Dragomir nicht schlafen. Immerzu muss er an die Drachen aus Papier denken.

Am nächsten Morgen läuft er gleich zu seiner Mutter. »Mama, ich möchte mit Papa zu den Menschen fliegen! Ich will die Drachen sehen!«

Mama überlegt. »Das ist eine weite Reise«, sagt sie schließlich. »Ich werde euch genügend Proviant einpacken müssen.«

Das tut sie auch. Sie packt lauter leckere Früchte in ein großes Tuch, für Papa auch noch eine große gebratene Truthahnkeule.

»Danke, du bist ein Schatz!« Papa gibt Mama einen Kuss auf die Nase.

»Gute Reise!«, sagt Mama. »Kommt gut zurück!«

Dragomir ist ganz aufgeregt, als sie die Höhle verlassen und den kleinen Hügel besteigen. Von dort aus fliegen sie los.

Hui, wie ihnen der Wind um die Ohren pfeift! Höher und höher fliegen die beiden. Die Bäume und Büsche unter ihnen werden immer kleiner. Dafür sind die Wolken jetzt fast zum Greifen nah … Dragomir ist glücklich. Er ist noch nie so weit geflogen! Groß und mutig kommt er sich vor.

Als es dunkel wird, landen Papa und Dragomir auf einem Felsen. Dann packen sie ihren Proviant aus und schmausen nach Herzenslust. Mit vollem Bauch schläft Dragomir ein.

Am nächsten Morgen wird er von Papa geweckt. »Aufstehen, wir müssen los!«, sagt er.

Nebel liegt über den Feldern. Alles sieht weiß und verwunschen aus, als die beiden Drachen immer weiter und weiter fliegen. Erst gegen Mittag lichtet sich der Nebel. Dragomir entdeckt in der Ferne ein hohes Gebäude mit einem roten Dach.

»Das ist ein Kirchturm«, erklärt Papa. »Er gehört zu einem Dorf. Wir haben die Menschen erreicht. Ab jetzt müssen wir besonders vorsichtig sein. Es ist besser, wenn sie uns nicht entdecken!«

Papa und Dragomir fliegen zu einem kleinen Wäldchen, in dem sie sich verstecken können. Von dort aus kann man prima über die gelben Stoppelfelder gucken. Dragomir
wartet gespannt.

Es ist ein windiger Tag, aber die Sonne scheint. Am Nachmittag kommen tatsächlich einige Kinder mit ihren Eltern aufs Feld. Sie lassen Drachen aus Papier oder Kunststoff steigen. Die Drachen haben lange bunte Schwänze, die im Wind flattern.

Dragomir staunt. Wie schön das aussieht! Und wie glücklich die Kinder sind. Sie lachen und rennen über das Feld hinter ihren Drachen her.

Plötzlich reißt eine Schnur – und ein Papierdrachen steigt ganz hoch in den Himmel.

Dann wirbelt er im Kreis, senkt sich und stürzt blitzschnell in die Tiefe. Dragomir saust los und kann den Drachen gerade noch auffangen.

Da kommt schon ein Junge angelaufen. »Mein schöner Drachen ist bestimmt kaputt!«, ruft er und weint.

Als er Dragomir entdeckt, bleibt er stehen und stutzt. »Wer bist du denn?«, fragt er verblüfft.

»Ich bin ein … äh … Drachenfänger«, antwortet Dragomir. »Dein Drachen ist heil geblieben. Hier hast du ihn zurück.«

Er legt den Drachen in die Arme des Jungen.

»Danke«, flüstert dieser und lächelt glücklich. Er sieht Dragomir an. »Coole Verkleidung«, sagt er. »Du siehst aus wie ein echter Drache. Aber echte Drachen gibt es ja nicht in Wirklichkeit.«

Dragomir muss schmunzeln. »Ja, ich finde mein Kostüm auch toll«, schwindelt er.

Der Junge winkt Dragomir zum Abschied zu und läuft wieder zu den anderen Kindern.

Da zupft Papa Dragomir am Schwanz. »Komm«, sagt er. »Es wird jetzt Zeit, nach Hause zu fliegen.«

Zurück in den Drachenbergen bauen Papa und Dragomir einen Drachen aus dünnen Ästen und bespannen ihn mit feiner Seide, die Opa Drache von einem Raubzug mitgebracht hat. Dragomir malt die Seide bunt an. Sie finden auch noch eine lange Angelschnur und Vogelfedern. Daraus bastelt Dragomir einen Drachenschwanz.

Endlich ist der Drachen fertig. Alle Freunde schauen zu, als Dragomir und Papa ihn steigen lassen. Er kann toll fliegen. Dragomir jubelt laut. Die anderen Drachen klatschen Beifall.

Von jetzt an lassen die Drachen jeden Herbst Drachen steigen. Also wundere dich nicht, falls du mal einen Drachen siehst, der eine lange Schnur in der Hand hat und über ein Feld flitzt …

Katja Ludwig
Halloweenschnupfen

Patrick stand schniefend am Fenster und malte ein gewaltiges, Spucke triefendes Monster auf die beschlagene Scheibe. Ein richtiges Scheusal.

Er war krank, jedenfalls behauptete das seine Mutter. Sie war außerdem der Meinung, dass er mit so einem Schnupfen auf keinen Fall an einem Herbstabend wie diesem durch die Straßen ziehen konnte. Doch heute war nicht irgendein Abend, sondern Halloween! Der Abend im späten Herbst, an dem alle Kinder verkleidet von Tür zu Tür gehen.

Patrick konnte sich ziemlich gut verkleiden. Am besten als Monster.

Draußen war die blaue Stunde gekommen, mit einem Himmel wie ausgelaufene Tinte. Alles war immer so wunderlich in dieser Stunde. Es war nicht mehr richtig Tag und auch noch nicht richtig Nacht. In der blauen Stunde kümmerte es keinen, wenn plötzlich welche wie Rotkäppchen und der böse Wolf um die Ecke kamen.

Weil Halloween war, war heute alles noch ein bisschen wunderlicher als sonst, das konnte selbst Patrick hoch oben von seinem Fenster aus sehen. Seine Nase lief. Genervt kramte er nach einem Taschentuch.

Unten auf der Straße hörte er die anderen Kinder lachen. Kleine verkleidete Gestalten huschten umher. Erkennen konnte man sie nur, wenn sie ins helle Licht der Straßenlaternen tauchten: Dann sah man Monster, Hexen und Gespenster. Irgendwo da unten war auch sein Freund Juri, mit dem er in diesem Jahr das erste Mal allein hatte losziehen wollen. Patrick öffnete das Fenster, um besser gucken zu können. Eine nasskalte Böe riss ihm sein Taschentuch aus der Hand.

Drinnen klingelte es an der Wohnungstür. Patrick hörte, wie seine Mutter zur Tür ging.

»Süßes oder Saures!«, riefen ein paar Kinderstimmen, als sie die Tür öffnete. Patrick spähte in den Flur. Da standen zwei Hexen und eine böse Fee. Viel Mühe hatten sich die Mädchen mit ihren Kostümen nicht gegeben. Trotzdem verteilte seine Mutter großzügig Süßigkeiten. Als sie die Wohnungstür wieder schloss, bemerkte sie Patrick: »Möchtest du auch was?«, fragte sie.

Patrick schüttelte wütend den Kopf.

Er war ja noch nicht mal verkleidet! Seine Mutter hatte einfach keine Ahnung! Man kriegt doch nur Süßes, wenn man verkleidet ist!

Und man muss den Zauberspruch sagen: *Süßes oder Saures!*

Dieser winzige Zauberspruch verwandelte die Süßigkeiten. Es hatte rein gar nichts zu sagen, dass sie trotzdem noch aussahen wie normale Süßigkeiten. Auf die Füllung kam es an! Wenn man sie aß, fürchtete man sich vor nichts und niemandem mehr.

Seine Mutter guckte ihn ratlos an und ging zurück ins Wohnzimmer.

Wenig später klingelte es wieder. Ein Bettlakengespenst in Begleitung eines schwarzen Ritters stand draußen. Danach kamen zwei Klopapiermumien. Sie guckten Patrick neugierig an. Die eine flüsterte der anderen zu: »Der hat wohl Angst vor Halloween!« Sie raschelten gemein.

Beim nächsten Klingeln stand ein Tyrannosaurus Rex mit einem Laserschwert vor der Tür. »He du, traust dich wohl nicht, zu Halloween zu gehen?«, fragte er Patrick frech.

»Er ist krank«, antwortete seine Mutter und gab dem Tyrannosaurus einen rosa Herzchenlolli. Knurrend zog er von dannen.

Der Süßigkeitenvorrat wurde zunehmend kleiner.

»Wir haben fast nichts mehr«, sagte seine Mutter. »Ich mach jetzt einfach nicht mehr auf.« Sie sah Patrick an. »Kopf hoch! Nächstes Jahr kannst du auch zu Halloween gehen.«

Patrick verschwand wütend in seinem Zimmer. Er und sich nicht zu

Halloween trauen, eine Unverschämtheit war das, blöder Tyrannosaurus! Wenn wenigstens Juri vorbeikommen würde!

Draußen brach die Nacht an. Das Tintenblau am Himmel verwischte ins Schwarz.

Patrick schnaubte sich die Nase. Da hatte er DIE Idee. Halloween war noch nicht zu Ende. Er holte Mamas Schminkstift und malte sich dicke schwarze Augenringe. Danach zog er ihren Mantel verkehrt herum an, mit dem glänzend schwarzen Innenfutter nach außen, und stülpte sich Papas neongelbe Badekappe über den Kopf. Zum Schluss steckte er eine Taschenlampe unter den Mantel und knipste sie an. Dann löschte er das Licht im Flur und wartete geduldig in der Dunkelheit.

Wenig später ging das Licht im Treppenhaus an. Es schimmerte durch die Ritzen der Wohnungstür.

Patrick hörte Schritte das Treppenhaus hinaufkommen, näher und näher. Im nächsten Augenblick öffnete er die Tür.

Der Vampir, der im Treppenhaus stand, erstarrte.

Patrick sah wirklich zum Fürchten aus. Die Taschenlampe beleuchtete sein verquollenes Gesicht mit den rot geweinten, schwarz umrandeten Augen und dem glänzend gelben Rotz, der aus seiner Nase lief. Als er auch noch »Süßes oder Saures!«, krächzte, ergriff der Vampir mit einem Aufschrei des Entsetzens die Flucht.

Patrick erkannte seine Stimme. Es war Juri, sein bester Freund.

»Juri«, rief er, »warte, ich bin es!«

Der Vampir blieb stehen und drehte sich um.

»Patrick?«, stammelte er.

Patrick schaltete die Taschenlampe

aus, putzte sich die Nase und trat ins Licht des Treppenhauses. Er riss sich die Badekappe vom Kopf.

»Super Verkleidung«, staunte Juri. »Wie eine schleimige Monstermade.«

»Meinst du, es kommen noch mehr Kinder?«, fragte Patrick. »Ist schon ganz schön spät, oder?«

»Ein paar Große kommen bestimmt noch«, sagte Juri verschwörerisch. Sie lauschten. Unten im Hausflur hörte man Schritte. Patrick und Juri schlossen vorsichtig die Wohnungstür und machten sich bereit.

»Psst!«, zischte Juri. Auf dem Treppenabsatz hörte man Gekicher. Große-Mädchen-Gekicher. Etwas Besseres konnte ihnen nicht passieren. Juri riss die Tür auf. »Süßes oder Saures«, schnaubte Patrick. Die vier als Monster verkleideten Mädchen fingen an zu kreischen und ergriffen die Flucht. Sie stolperten die Treppen hinunter und hinterließen dabei eine Spur von Süßigkeiten.

»Das waren die blöden Zicken aus der 4 a«, sagte Juri zufrieden. Dann sammelten sie die Süßigkeiten auf. Patrick brachte Juri noch bis unten zur Haustür und winkte seinem Freund hinterher. Draußen roch es nach Winter. Oben in der kahlen Linde vor dem Haus saß im Licht der Straßenlaterne ein kleines Gespenst, nicht größer als ein Taschentuch. Niemand außer Patrick hatte es bemerkt. Er steckte sich ein Zitronenbonbon in den Mund, holte tief Luft und pustete. Das Gespenst flog davon, dem allerletzten Klecks Himmelblau hinterher.

Als er wieder oben war, sagte seine Mutter: »Du kannst morgen wieder zur Schule gehen.« Dann ging sie in die Küche.

Patrick machte sich ein letztes Mal bereit. Er schaltete die Taschenlampe an und das Flurlicht aus. Gleich würde sein Vater nach Hause kommen.

Sankt Martin

aus dem Rheinland

1. Sankt Mar - tin, Sankt Mar - tin, Sankt Mar - tin ritt durch
Schnee und Wind, sein Ross, das trug ihn fort ge - schwind.
Sankt Mar - tin ritt mit leich - tem Mut, sein
Man - tel deckt ihn warm und gut.

2. Im Schnee saß, im Schnee saß,
im Schnee, da saß ein armer Mann,
hat Kleider nicht, hat Lumpen an.
»O helft mir doch in meiner Not,
sonst ist der bittre Frost mein Tod!«

4. Sankt Martin, Sankt Martin,
Sankt Martin gibt den halben still,
der Bettler rasch ihm danken will.
Sankt Martin aber ritt in Eil
hinweg mit seinem Mantelteil.

3. Sankt Martin, Sankt Martin,
Sankt Martin zieht die Zügel an,
das Ross steht still beim armen Mann.
Sankt Martin mit dem Schwerte teilt
den warmen Mantel unverweilt.

Ich geh mit meiner Laterne

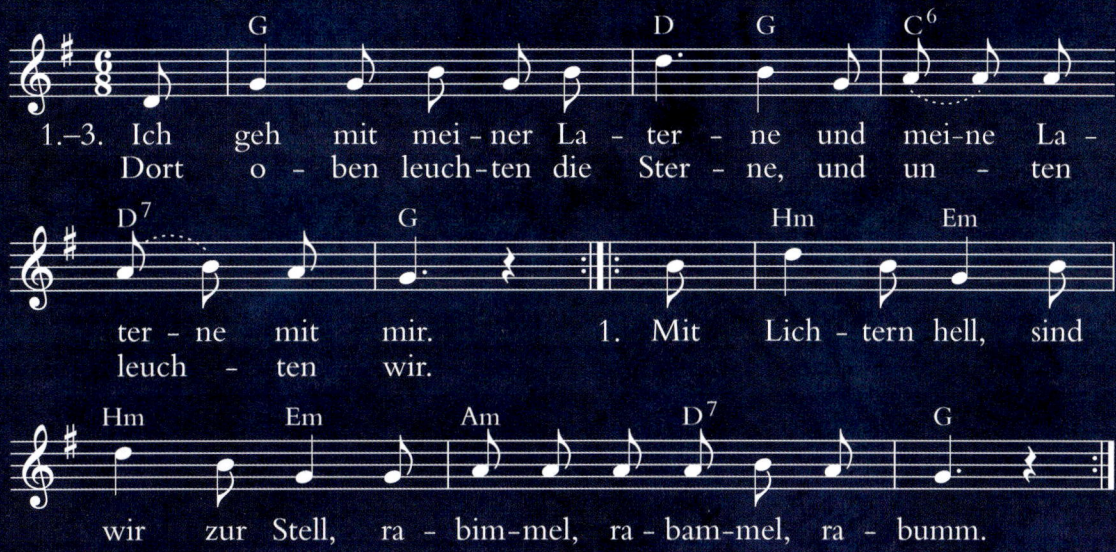

G D G C6
1.–3. Ich geh mit mei-ner La-ter-ne und mei-ne La-
Dort o-ben leuch-ten die Ster-ne, und un-ten
D7 G Hm Em
ter-ne mit mir. 1. Mit Lich-tern hell, sind
leuch-ten wir.
Hm Em Am D7 G
wir zur Stell, ra-bim-mel, ra-bam-mel, ra-bumm.

2. Laternenlicht, verlösch mir nicht!
Rabimmel, rabammel, rabumm.

3. Mein Licht ist aus, wir gehen nach Haus.
Rabimmel, rabammel, rabumm.

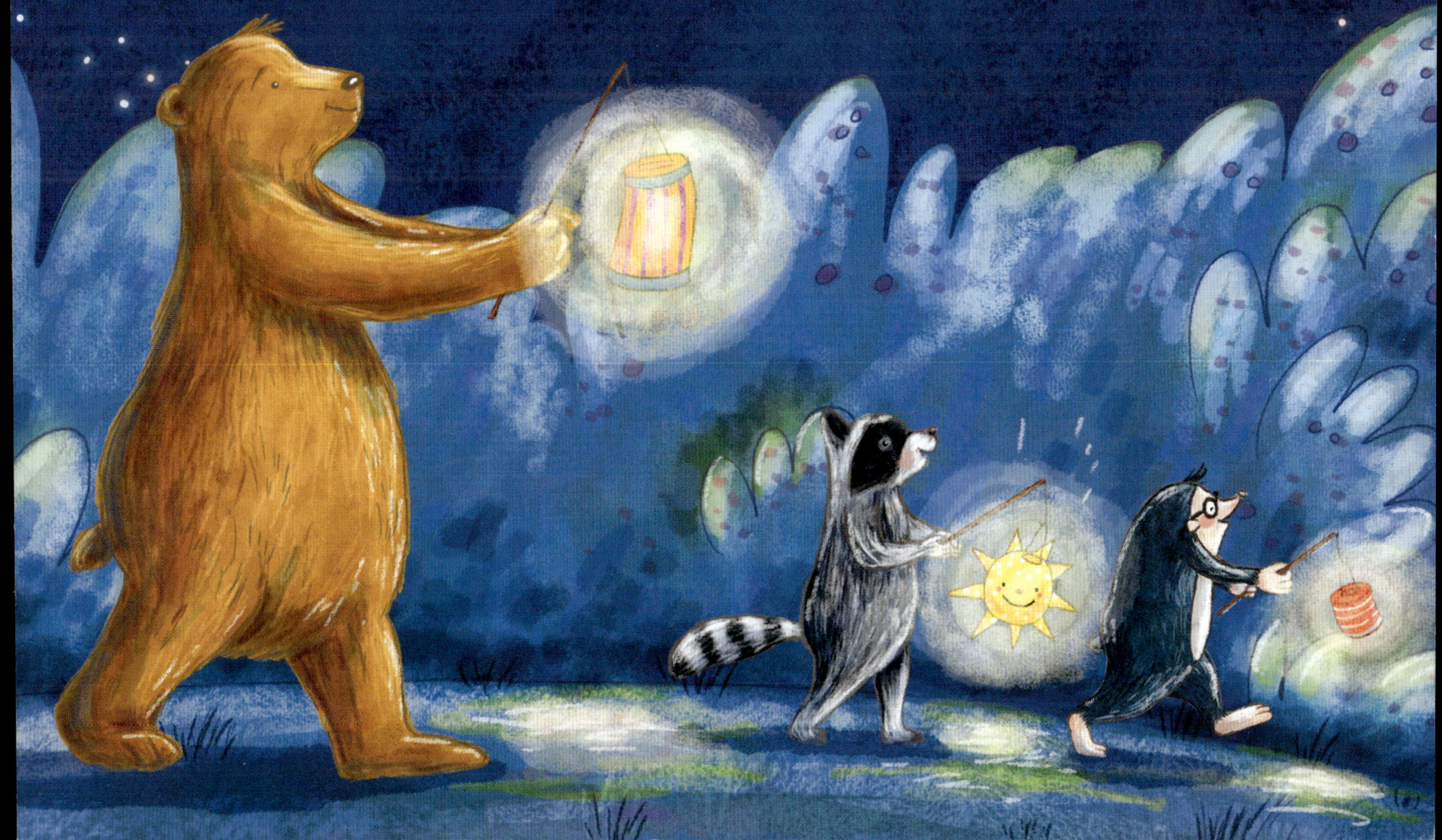

Usch Luhn
Sankt Martin

Es war ein feuchter Herbstmorgen. In den letzten Tagen hatte ein heftiger Wind die Blätter von den Bäumen geweht, und Lukas war eine matschige Kastanie mitten auf den Kopf geplumpst.

Trotzdem stiefelte er richtig gut gelaunt in die Vorschule. Heute war nämlich endlich Martini. Gleich würde er seine Laterne fertig basteln und Stutenkerle backen. Seine Mutter hatte ihm dafür eine extra große Tüte Rosinen in den Rucksack gepackt. Es war das erste Mal, dass Lukas alleine bei dem Laternenumzug mitlaufen durfte – zusammen mit den großen Schulkindern. Darauf war er riesig stolz.

Vor der Schule war schon mächtig was los. Viele Kinder waren bereits da und riefen aufgeregt durcheinander. Gleichzeitig mit Lukas kam Tristan an. Obwohl er nur einen Katzensprung entfernt wohnte, wurde er jeden Morgen mit dem Auto zur Schule gebracht. Richtig babymäßig.

Tristan war neu. Er und seine Mutter waren erst vor Kurzem bei seinem Großvater in die Villa gezogen, die mitten im Park stand. Sie war uralt und von einer hohen Hecke umgeben. Dahinter gab es einen Teich, auf dem ein einzelner Schwan majestätisch seine Runden schwamm.

Als Lukas noch im Kindergarten war, hatte er sich mit Annalisa durch ein Loch in der Hecke gezwängt und den Schwan mit seinem Käsebrot angelockt. Doch der Schwan hatte das Brot mit einem Happs hinuntergeschlungen und Annalisa fest in die Wade gezwickt. Annalisa hatte losgeheult wie eine Feuerwehrsirene. Da war Tristans Großvater schimpfend herbeigelaufen und hatte Lukas und Annalisa vertrieben. Von da an mieden sie die Villa mit dem doofen Schwan.

Und dann hatte Frau Rand, Lukas' Lehrerin, Tristan ausgerechnet neben Lukas gesetzt. Annalisa räumte murrend ihren Platz. Seither machten sich beide einen Spaß daraus, Tristan zu ärgern. Und das klappte prima. Denn Tristan war superschnell auf die Palme zu bringen.

An der Klassentür trafen Lukas und Tristan aufeinander. Sie funkelten sich feindselig an. »Na?«, sagte Lukas schließlich und rempelte Tristan an.

»Na?«, sagte Tristan und rempelte zurück.

Lukas wollte gerade eine weitere Runde Schubsen anzetteln, da tauchte Frau Rand auf. Sie balancierte ein großes Backblech mit Mehl, Milch, Eiern und kleinen Tonpfeifen vor sich her.

Lukas sauste an sein Pult und warf dabei *versehentlich* Tristans Stuhl um.

Während die Kinder begeistert mit Frau Rand den Teig für die Stutenkerle kneteten, ihn danach formten und mit Lukas' Rosinen hübsch verzierten, erzählte die Lehrerin ihnen die Legende vom heiligen Martin.

Martin war ein ganz junger Soldat hoch zu Ross, als er einen Bettler traf, der ganz jämmerlich fror. Das tat Martin furchtbar leid. Spontan nahm er sein Schwert und hieb seinen Mantel in zwei Teile. Die eine Hälfte schenkte er dem Bettler. So rettete er ihm das Leben.

Oh Mann, wie toll. Dieser Martin war ja wirklich ein super Typ, fand Lukas.

»Ich teile meine Rosinen auch«, rief Lukas übermütig und ließ die Tüte in der Klasse herumgehen. Nur Tristan *vergaß* er dabei absichtlich.

»Und Tristan?«, ermahnte ihn Frau Rand.

»Der will ja nicht«, antwortete Lukas und stopfte sich die letzten Rosinen in den Mund.

Tristan hatte sich bereits weggedreht und starrte stumm auf die Laternen, die Frau Rand auf dem Werktisch aufgebaut hatte.

»Dann kümmern wir uns mal um unsere tollen Laternen«, rief sie.

Lukas hatte einen aufgeblasenen Luftballon eingekleistert, mit knallgelben Papierstreifen beklebt und über Nacht trocknen lassen. Nun musste er den Ballon nur noch mit einer Nadel zum Platzen bringen und den Lichterstab befestigen. Dann würde seine Laterne leuchten wie eine Sonne.

Schließlich waren alle Laternen fertig. Eine Laterne war farbenprächtiger als die andere. Nur Tristans Laterne war rabenschwarz.

»Die hässliche Laterne passt voll zu dir«, sagte Lukas. »Bringst du heute Abend auch deinen Vampirsarg mit zum Umzug?«

Annalisa kicherte.

Tristan verzog sein Gesicht, als hätte er Bauchschmerzen. Er hob die Hand.

»Tristan!«, sagte Frau Rand alarmiert. »Reiß dich bitte zusammen. Und du, Lukas, entschuldige dich sofort!«

Doch im selben Augenblick holte Tristan aus und zermatschte Lukas' Sonnenlaterne mit einem einzigen Fausthieb. Danach zertrampelte er seine eigene Laterne und rannte schluchzend aus dem Klassenzimmer. Frau Rand folgte ihm.

Es dauerte ewig, bis Frau Rand wieder auftauchte.

»Tristans Mama kommt und holt ihn ab«, sagte sie ernst. »Wir reden

morgen darüber. Jetzt müssen wir uns schnell um Lukas' Laterne kümmern.« Alle Kinder halfen mit, und im Nu hatte Lukas eine schöne neue Herbst-Laterne. Aber so richtig freuen konnte er sich nicht. Und das lag nicht nur an seiner kaputten Sonne.

Am frühen Abend versammelten sich alle Kinder am Parktor. Die Laternen flimmerten wie tausend Glühwürmchen.

»Ich geh mit meiner Laterne und meine Laterne mit mir …«, sangen Lukas und Annalisa zusammen mit den anderen Kindern. Und dann marschierten sie los.

Der Lichterzug führte direkt an der Villa vorbei. Lukas blieb stehen.

»Irgendwie tut mir Tristan leid«, sagte Annalisa neben ihm. »Keine Ahnung, warum.«

Lukas nickte. »Hmm.«

Er krabbelte durch die löchrige Hecke.

An einem der erleuchteten Fenster entdeckte er Tristan. Er guckte direkt zu ihm herunter.

»Warte hier, Annalisa«, sagte Lukas. Er rannte zur Haustür und suchte nach der Klingel. In diesem Moment öffnete sich dir Tür bereits. Tristans Mutter stand vor ihm.

»Hallo, ich bin Lukas. Ich möchte Tristan abholen. Zum Umzug«, sagte Lukas eilig, bevor er es sich anders überlegte.

Tristans Mutter antwortete nicht gleich. Sie guckte ihn nachdenklich an. »Meinst du das ernst?«, fragte sie schließlich. »Wir haben aber gar keine Laterne.«

»Ja eben«, sagte Lukas. »Er kann meine mithaben.«

Tristans Mutter lächelte. »Das finde ich nett von dir. Aber ich glaube nicht, dass Tristan …«

Plötzlich tauchte Tristan hinter ihr auf.

Lukas' Herz begann, schneller zu schlagen. »He«, sagte er schüchtern.

»He«, antwortete Tristan genauso schüchtern. »Echt cool, die Laterne.«
Lukas nickte. Beide schwiegen.

»Tut mir leid wegen heute Morgen«, sagte Lukas. »Kommst du trotzdem mit? Wir teilen uns meine.« Er schwenkte seine Laterne.

Tristan strahlte über das ganze Gesicht. »Echt?«

»Ganz echt!« Lukas nickte eifrig.

»Super!«, sagte Tristan und schnappte seine Jacke.

»Wo bleibt ihr denn?«, hörten sie da Annalisa von draußen.

»Wir kommen!«, riefen Lukas und Tristan gleichzeitig. Und dann nahmen sie sich einfach an der Hand und stürmten los.

Winter

Drei Spatzen

In einem leeren Haselstrauch,
da sitzen drei Spatzen, Bauch an Bauch.
Der Erich rechts und links der Franz
und mittendrin der freche Hans.
Sie haben die Augen zu, ganz zu,
und obendrüber, da schneit es, hu!
Sie rücken zusammen dicht an dicht,
so warm wie der Hans hat's niemand nicht.
Sie hör'n alle drei ihrer Herzlein Gepoch,
und wenn sie nicht weg sind, so sitzen sie noch.
– Christian Morgenstern –

Fängt es im Winter zu schneien an

Fängt es im Winter zu schneien an,
so schneit es nichts als Marzipan,
Rosinen auch und Mandel.
Und wer sie gerne knabbern mag,
der hat 'nen guten Handel.
– Joachim Ringelnatz –

Petra Kummermehr
Nichts für Angsthasen!

»Endlich Schnee!«, jubelte Matteo. Er schaute zu, wie dicke, bauschige Schneeflocken vom Himmel herabtanzten und auf seinem Gesicht landeten. *Pling! Pleng! Plong!* Matteo streckte seine Zunge ganz weit raus. Er liebte das kitzelige Gefühl, wenn sie langsam darauf zerschmolzen. Erst als seine Haare schon ganz weiß vom Schnee waren, machte sich Matteo auf den Nachhauseweg. Hinter der Kirche bog er in einen kleinen Waldweg ein. Der Schnee dort war noch völlig unberührt. Matteos Fußstapfen waren die ersten. Vorsichtig malte er mit seinen Schritten Muster in den Schnee. Schlangenlinien, Kreise und Zickzack. Der ganze Weg war jetzt wunderschön verziert, bis hin zu Matteos Lieblingsplatz. Hier konnte man prima Tipis bauen, aus Ästen, Zweigen, Moos und Blumen. Matteo stellte sich dann vor, wie nachts winzig kleine Wichtel aus den Wäldern hervorkrochen und in seinen Tipis schliefen.

Doch gerade als Matteo anfing, sein Tipi mit Schnee zu verkleiden, hörte er ein lautes Lachen hinter sich. Matteo seufzte. Das konnte nur Sven sein! Der coole Sven und seine zwei Freunde! Und tatsächlich. Als Matteo sich umdrehte, stand Sven vor ihm. Groß, kräftig und mit einem breiten Grinsen im Gesicht.

»Na, Milchgesicht, wie schaut's mit den Fußballstickern aus? Hast du mir alle besorgt?«, fragte Sven.

Matteo wurde so rot wie ein Granatapfel und fühlte sich so klein wie ein Wichtelzwerg. Er schluckte und sagte kleinlaut: »Nein, ähm …«

»Was sagst du?«, fragte Sven.

»Du, äh, kannst aber meine haben. Alle!«, flüsterte Matteo und schaute schnell auf den Boden.

Doch Sven lachte nur. »Päh, deine?!?«, rief er verächtlich und drehte sich zu seinen Freunden um. Die drei steckten ihre Köpfe zusammen. Matteo war ganz mulmig zumute.

Plötzlich fingen die Äste des Tipis an zu wackeln und zu schwanken. Mit einem Satz hüpfte ein extrem wütender Wichtel aus dem Tipi und sah Matteo finster an. »Das darfst du dir nicht gefallen lassen! Dieser Sven ist ein ganz gemeiner, äh … Blödbommel!«, schrie er.

Völlig verdutzt stand Matteo da und starrte auf den Zwerg. Noch bevor er etwas sagen konnte, quasselte der Wichtel einfach weiter: »Ich helfe dir! Ich hab nämlich den schwarzen Gürtel in Kung-Fu. Dieser Sven ist kein Problem für mich, den hau ich weg! So wahr ich Bruce Zwerg Lee heiße. Jawoll!«

»Du?« Matteo betrachtete das klitzekleine Wichtelmännchen ungläubig.

Aber Bruce Zwerg Lee ließ sich nicht irritieren und wirbelte angriffslustig durch die Luft. Dabei rief er: »Bao-Quan-Li – Stark-wie-nie!« Er griff so viele Schneebälle, wie er fassen konnte, und feuerte sie auf Sven. Der aber schien das gar nicht zu bemerken. Die Schneebälle waren so winzig klein, dass sie ihn selbst im Gesicht kaum störten. Mit einer Handbewegung wischte er sie weg. Offensichtlich konnte Sven den furchtlosen Wichtel nicht sehen.

Er drehte sich wieder zu Matteo um. »So, Milchgesicht, dann trägst du aber meinen Rucksack bis nach Hause«, sagte er drohend. Er nahm den Rucksack und pfefferte ihn Matteo vor die Füße – genau auf den Zwerg.

Flatsch! Nur seine Zipfelmütze war noch zu sehen. Der kleine Zwerg ächzte und schimpfte. Mühsam kämpfte er sich unter dem Rucksack hervor.

»Na warte, dem zeigen wir's!«, rief Bruce Zwerg Lee stinksauer und ballte die Fäuste.

»Stimmt«, murmelte Matteo, »ich darf mir das nicht mehr gefallen lassen.«

»So ist's recht, so ist's recht«, rief der Zwerg. »Kung-Fu-Bumm – hau ihn um.«

Doch Matteo schüttelte den Kopf. »Nein, das kann ich nicht!«, sagte er und überlegte. »Wir brauchen einen anderen Plan!«

Damit die drei nichts merkten, hob Matteo den Rucksack auf und lief hinter Sven her. Es wurde bereits dunkel.

»Also, lass uns überlegen«, flüsterte Matteo dem Wichtel zu. »Hast du eine Idee?«

Bruce Zwerg Lee grübelte und grübelte, kratzte sich am Bärtchen und zwirbelte an seiner Zipfelmütze. »Ich hab's!«, wisperte er dann. »Wir erschrecken Sven mit meinem Bruce-Zwerg-Lee-Spezialschrei.«

»Deinem was?«, fragte Matteo.

Bruce Zwerg Lee grinste. »Das wirst du dann schon sehen, äh, hören. Aber eins kann ich dir verraten: Der Schrei hört sich monstermäßig gruselig an!«

»Hast du was gesagt, Milchgesicht?«, rief Sven nach hinten, ohne sich umzudrehen.

»Ich? Nein, nichts«, rief Matteo zurück.

»Er hat bestimmt Angst im Dunkeln, das Baby«, sagte Svens Freund. Die drei lachten.

»Angst?«, fragte Matteo. »Ach so, du meinst wegen der Monsterwichtel, die hier hausen? Nein, da hab ich keine Angst.«

Sven und seine Freunde sahen sich etwas verunsichert an. »So ein Quatsch, es gibt doch gar keine Monsterwichtel!«, sagte Sven schnell.

Das war Bruce Zwerg Lees Stichwort. Blitzschnell kletterte er auf eine alte Eiche am Wegesrand. Er plusterte sich auf, bis er feuerrot wurde. Genau in dem Moment, als Sven und seine Freunde unter dem Baum hindurchliefen, stieß er dann den furchterregendsten Schrei aller Zeiten aus. Und er hatte nicht übertrieben – sein Bruce-Zwerg-Lee-Spezialschrei hörte sich monstermäßig gruselig an. Sven und seine Freunde erschraken fürchterlich. Ohne weiter auf Matteo zu achten, rannten sie davon.

Schnell kletterte Bruce Zwerg Lee die Tanne wieder hinunter. »Tja«, sagte er und lachte. »Erst haben sie eine große Klappe, und dann rennen sie heulend davon. Vor den Angsthasen brauchst du dich nicht mehr zu fürchten. Und wenn du willst, bringe ich dir auch ein bisschen Kung-Fu bei.«

»Super«, freute sich Matteo. »Ich lasse mir nichts mehr gefallen. Außerdem habe ich jetzt einen Freund wie dich!«

138

Juchhe, der erste Schnee

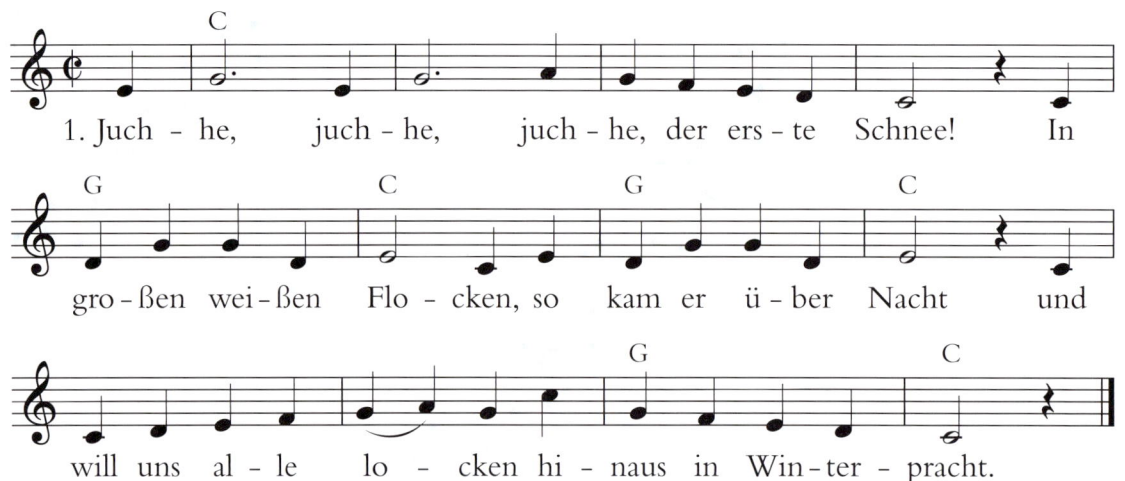

1. Juch – he, juch – he, juch – he, der ers – te Schnee! In
gro – ßen wei – ßen Flo – cken, so kam er ü – ber Nacht und
will uns al – le lo – cken hi – naus in Win – ter – pracht.

2. Juchhe, juchhe,
erstarrt sind Bach und See!
Herbei von allen Seiten
aufs glitzerblanke Eis,
dahin-, dahinzugleiten
nach alter froher Weis!

3. Juchhe, juchhe,
jetzt locken Eis und Schnee!
Der Winter kam gezogen
mit Freuden mannigfalt,
spannt seinen weißen Bogen
weit über Feld und Wald.

Schneeflöckchen, Weißröckchen

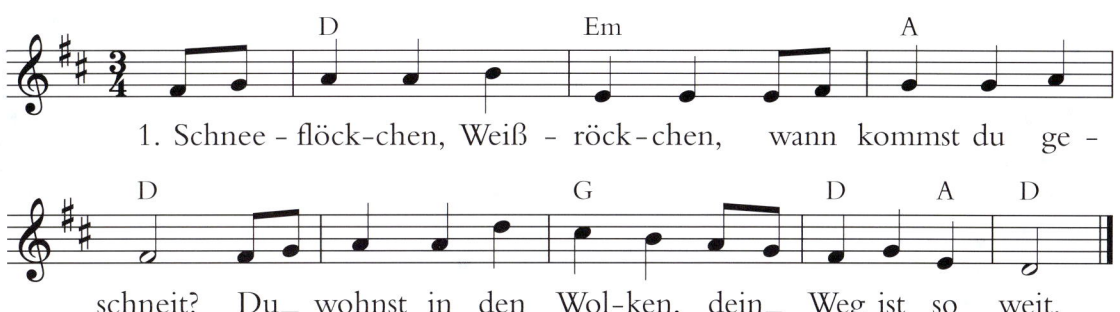

D Em A
1. Schnee - flöck-chen, Weiß - röck-chen, wann kommst du ge -
D G D A D
schneit? Du_ wohnst in den Wol-ken, dein_ Weg ist so weit.

2. Komm, setz dich ans Fenster,
du lieblicher Stern,
malst Blumen und Blätter,
wir haben dich gern.

3. Schneeflöckchen, du deckst uns
die Blümelein zu,
dann schlafen sie sicher
in himmlischer Ruh.

4. Schneeflöckchen, Weißröckchen,
komm zu uns ins Tal,
dann baun wir den Schneemann
und werfen den Ball.

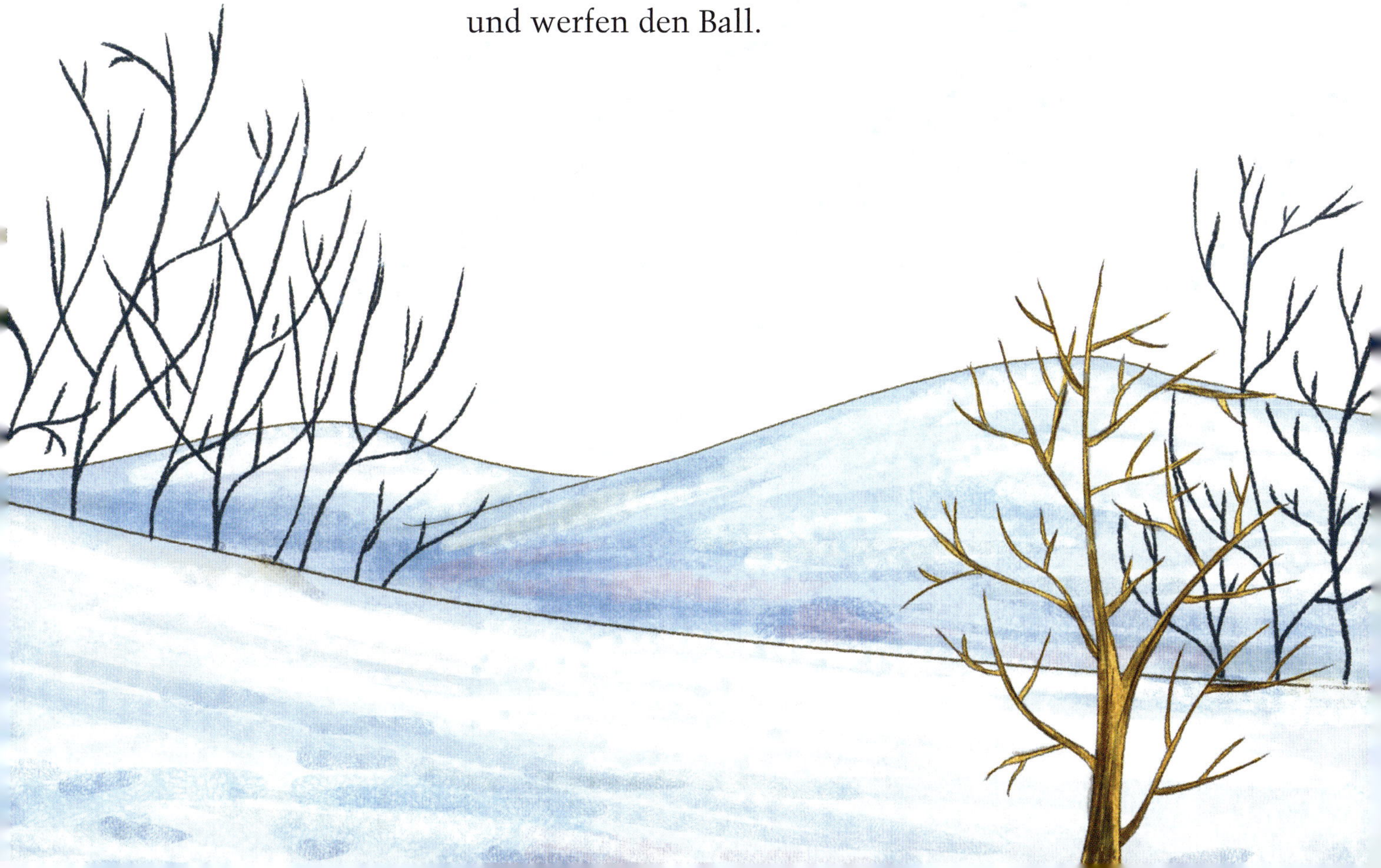

Petra Maria Schmitt

Wie aus einem Schneemann ein Schneeclown wurde

Mia sitzt am Fenster und schaut hinaus. Dicke weiße Schneeflocken wirbeln durch die kalte Luft. Manchmal lässt ein zarter Wind sie tanzen. Das sieht richtig schön aus!

Mia mag Schnee. Wenn über Wiesen und Felder, Bäumen und Sträuchern, über dem Gartenschuppen und dem Vogelhäuschen ein weißer Schleier liegt, sieht alles so still und friedlich aus. Wie verzaubert.

Da kommt Lotti in Mias Zimmer gerannt: »Neemann!«, sagt sie bestimmt und zeigt in Richtung Fenster.

Lotti ist Mias kleine Schwester. Und genau wie Mia liebt sie Schnee.

»Möchtest du einen Schneemann bauen?«, fragt Mia. »Das ist toll! Da mache ich mit.« Lotti klatscht vor Freude in die Hände.

»Dann müssen wir uns aber schön warm anziehen. Draußen ist es kalt«, sagt Mia.

Lotti rennt in den Flur und holt ihre dicke Wollmütze.

»Genau!«, sagt Mia. »Aber die Mütze allein reicht nicht. Jetzt müssen wir noch deinen Schneeanzug, deinen Schal, Handschuhe und deine Stiefel anziehen. Komm, ich helfe dir dabei.«

Da hat Mia recht. Denn wenn man schön warm eingepackt ist, stört die Kälte nicht. Dann kann man ganz tolle Sachen draußen machen: Schlittenfahren, Schneeballschlachten, Figuren in den Schnee malen und natürlich Schneemänner bauen!

Im Flur treffen die beiden auf Mama.

»Was habt ihr denn vor?«, fragt Mama, als sie Lottis Mütze sieht.

»Wir wollen einen Schneemann bauen«, antwortet Mia, und Lotti fügt hinzu: »Ja, Neemann!«

»Das ist eine tolle Idee! Da mache ich mit!«, sagt Mama.

Mia und Lotti freuen sich. Je mehr mitmachen, desto größer und schöner kann der Schneemann werden.

»Ich spendiere einen alten Topf als Hut«, sagt Mama und verschwindet in der Küche. Mia und Lotti folgen ihr neugierig. In der Küche zieht Mama einen alten, blauen Emailletopf aus dem Schrank. »So, jetzt brauchen wir noch eine Möhre für die Nase.«

Kurz darauf haben sie alles beisammen und sind dick eingepackt. Sofort kommt Momo, der kuschelige grauweiße Hund der Familie angerannt. Momo liebt Schnee und nutzt jede Gelegenheit, um nach draußen zu kommen. Schwanzwedelnd springt er um die drei herum.

»Ja, ja, du kommst mit«, sagt Mama. Sie öffnet die Haustür, und Momo springt ausgelassen durch den Schnee. Aufgeregt läuft er zu Papa, der gerade die Einfahrt frei schaufelt.

»Was habt ihr denn vor?«, fragt Papa.

»Wir wollen einen Schneemann bauen«, antwortet Mia.

»Oh, wie schön! Da mache ich mit!«, sagt Papa.

»Prima«, ruft Mia. »Jetzt sind wir schon zu viert! Das wird bestimmt ein toller Schneemann!«

»Genau«, sagt Papa. »Ich fange gleich mit der dicksten Kugel an. Die kommt dann nach unten. Mia, möchtest du mir helfen?«

Was für eine Frage! Natürlich möchte Mia!

»Dann machen Lotti und ich die kleinere Kugel für den Kopf«, schlägt Mama vor.

»Hat ein Schneemann nicht drei Kugeln, eine für die Beine, eine für den Bauch und einen für den Kopf?«, fragt Mia.

»Stimmt«, sagt Mama. »Dann rollen wir die dritte Kugel alle zusammen.« Damit sind alle einverstanden.

Am Anfang sind die Kugeln noch ganz klein, doch je mehr man sie

durch den Schnee rollt, desto größer werden sie. Momo weiß nicht so recht, was das Ganze soll, und wälzt sich im Schnee. »Mo ne«, ruft Lotti.

»Ja, Momo hat auch Spaß im Schnee«, sagt Mama und lacht.

Nach einer Weile sind die Schneekugeln fertig, und Papa setzt alle drei übereinander.

»Hui, ist der Schneemann groß geworden!«, ruft Mia. »Jetzt braucht er nur noch ein Gesicht.«

»Und einen Hut«, sagt Mama, und – *schwupp* – sitzt der Emailletopf auf dem Kopf.

»Komm, Lotti, wir suchen Steinchen für den Mund und die Augen«, sagt Mia und nimmt ihre kleine Schwester an die Hand. Es dauert nicht lange, da haben die beiden genügend Steinchen zusammen.

»Lotti au«, sagt Lotti.

»Aber natürlich, du auch«, sagt Papa. Er nimmt Lotti auf den Arm. »Du machst die Augen und Mia den Mund. Gut?«

Lotti strahlt, und auch Mia ist einverstanden. Kurze Zeit später hat der Schneemann zwei dunkle Augen und einem großen, lächelnden Mund. Mama drückt die Möhre als Nase in den Schneekopf. Doch kaum steckt die Möhre im Kopf, kommt Momo in einem Riesentempo angerannt, springt hoch, schnappt sich die Möhre und rennt in einem Affenzahn davon. Alles geht so schnell, dass niemand etwas tun kann. Lotti fängt an zu weinen, und Papa läuft hinter Momo her. Aber Momo ist viel schneller als Papa, und er denkt nicht im Traum daran, die Möhre wieder herzugeben. Achselzuckend kommt Papa zurück. »Dann müssen wir eben eine andere Möhre nehmen.«

»Ich glaub, das war unsere letzte«, sagt Mama. »Mal sehen, ob ich etwas anderes finde, was wir als Nase nehmen können.«

»Ich komme mit!«, ruft Mia und rennt hinter Mama her ins Haus.

Wenig später kommen die beiden mit einer Tomate zurück. »Etwas anderes haben wir nicht gefunden«, sagt Mama. »Nun bekommt unser Schneemann eine rote Stupsnase.«

Mama drückt die Tomate an die Stelle, wo vorher die Möhre war. Dann tritt sie einen Schritt zurück. »Na, das sieht doch lustig aus«, sagt sie zufrieden.

»Ja!«, ruft Mia. »Sieht aus wie eine Clownsnase!«

Und auch Papa gefällt die Idee. »Eine Möhrennase hat doch nun wirklich jeder Schneemann! Unser Schneemann ist eben ein ganz besonderer!«, sagt er stolz.

»Ja, wir haben einen Schneeclown!«, sagt Mia, zieht ihren bunten Schal aus und wickelt ihn zwischen Kopf- und Bauchkugel, da, wo normalerweise der Hals ist. »So, jetzt sieht er noch lustiger aus!«

Da muss sogar Lotti lachen, und alles ist wieder gut.

Und zum Schluss gibt's für alle vier eine schöne heiße Tasse Kakao zum Aufwärmen. Dazu knistert leise das Kaminfeuer. Und Momo hat es sich vor dem Kamin bequem gemacht. Nur der Schneeclown, der muss natürlich draußen bleiben, sonst würde er ja schmelzen. Aber vom Wohnzimmerfenster aus ist er gut zu sehen. Und so ist der Schneeclown dann doch irgendwie dabei!

Schneeflockenlied

Es steht ein Schloss in Schnee und Eis
aus schimmernden Kristallen.
Es hängt das Mondlicht silberweiß
an Tor und Turm und Hallen.
Schneekönigin – Schneekönigin –
mit langen, langen Locken,
die sitzt im Zauberschlosse drin
und spinnt an ihrem Rocken.
Sie spinnt mit weicher Feenhand
viel kleine weiße Sterne.
Die weht der Wind wohl übers Land
weithin in weite Ferne.
Schneekönigin – Schneekönigin –
die spinnt an ihrem Rocken.
Dann fallen auf die Erde hin
schneeweiße Silberflocken.
– *Manfred Kyber* –

Rüdiger Bertram

Spuren im Schnee

In der Nacht hatte es geschneit. Das erste Mal in diesem Winter. Ich musste erst den Schnee von der Fensterbank wischen, um hinausklettern zu können. Durch die Haustür konnte ich nicht. Da wären Mama und Papa aufgewacht. Am Wochenende schliefen die beiden immer lange. Aber so lange konnte ich nicht warten. Bis dahin wäre der Schnee schon wieder geschmolzen. Da war ich mir ganz sicher.

Ich sprang von der Fensterbank hinunter und sah mich um. Unser Garten sah wie verzaubert aus. Die Sträucher und Bäume trugen kleine Mützen aus Schnee, und auf dem weiß gedeckten Rasen hatten Vögel ihre Spuren hinterlassen.

Aber da war auch noch ein anderer Abdruck …

Ich kniete mich hin, um ihn mir genauer anzusehen. Der Abdruck war riesig. Er war größer als ein Suppenteller, und ich hatte keine Ahnung, zu welchem Tier er gehören könnte. Die Spur kam von rechts und führte einmal quer durch unseren Garten bis unter mein Fenster. Dort hatte sich das Tier einmal im Kreis gedreht und war dann nach rechts über unseren Zaun gesprungen, über das freie Feld gelaufen und im Wald dahinter verschwunden.

Ohne Erlaubnis durfte ich nicht in den Wald. Aber meine Eltern hatten mir auch streng verboten, sie an einem Samstagmorgen zu wecken. Also lief ich einfach los und folgte den Spuren. Ich kletterte über den Zaun und ging in den Wald hinein, der so früh am Morgen noch ganz ruhig war. Einmal erschreckte ich ein Reh, das mit hohen Sprüngen durch den tiefen Schnee flüchtete. Ein anderes Mal sah ich ein paar Hasen, die Haken schlagend über das Feld davonrannten.

Trotz meiner Jacke, die ich mir über meinen Schlafanzug gezogen hatte, war es kalt. Und nass war es auch. Der Schnee begann bereits zu tauen. Immer wieder tropfte mir Schmelzwasser von den Bäumen in den Nacken. Meine Hausschuhe waren auch schon ganz durchnässt. Ich bereute es, keine Stiefel angezogen zu haben. Aber zurücklaufen konnte ich nicht. Ich hatte Angst, dass dann der Schnee geschmolzen wäre und ich die geheimnisvollen Spuren nicht mehr finden würde. Also stapfte ich weiter durch den Schnee und fror.

Ich war schon so weit in den Wald vorgedrungen wie noch nie zuvor, als ich plötzlich ein klagendes Jaulen hörte. Es klang wie ein Hund, nur lauter. Viel lauter. Und es kam genau aus der Richtung, in die die Spuren führten. Vorsichtig schlich ich die letzten Meter zu einer Lichtung. Ich hockte mich hinter eine verschneite Tanne und spähte zwischen den weiß gepuderten Ästen hindurch.

Fast hätte ich ihn gar nicht gesehen. Ein alter weißer Wolf lag dort im Schnee. Er war schrecklich mager und bestimmt sehr hungrig.

Trotzdem hatte ich keine Angst vor ihm. Ich stand auf und ging ein paar Schritte auf ihn zu. Er begrüßte mich mit einem grantigen Knurren, aber davon ließ ich mich nicht einschüchtern. Ich kramte in der Tasche meiner Jacke und fand dort ein altes Leberwurstbrot, das ich gestern in der Schule nicht gegessen hatte. Ich packte es aus und warf es dem Wolf vor die Schnauze. Er schnüffelte misstrauisch, dann machte er einen Happs und verschlang das Brot mit einem Biss.

Der alte weiße Wolf sah mich lange an. Er und ich, wir blickten uns genau in die Augen. Er hatte grüne Augen, die traurig aussahen. Ich wusste, dass mein Butterbrot nicht reichen würde, um seinen Hunger zu stillen.

»Warte hier auf mich! Ich bring dir was zu fressen!«, rief ich ihm zu, drehte mich um und rannte nach Hause. Schnell packte ich aus dem Kühlschrank Wurst und Schinken in meinen Rucksack. Es war mir egal, ob meine Eltern davon aufwachten oder nicht. Ich knallte die Haustür hinter mir zu und lief zurück in den Wald, doch als ich die Lichtung erreichte, war der Wolf verschwunden. Genau wie der Schnee.

Das war vor zwei Jahren, ich war damals sechs. Aber in jedem Winter, wenn der erste Schnee gefallen ist, hoffe ich, dass ich in unserem Garten die Abdrücke seiner Pfoten entdecke.

Die Enten laufen Schlittschuh

Die Enten laufen Schlittschuh
auf ihrem kleinen Teich.
Wo haben sie denn die Schlittschuh her –
sie sind doch gar nicht reich?
Wo haben sie denn die Schlittschuh her?
Woher? Vom Schlittschuhschmied!
Der hat sie ihnen geschenkt, weißt du,
für ein Entenschnatterlied.
– *Christian Morgenstern* –

Lasst uns froh und munter sein

1. Lasst uns froh und munter sein und uns recht von Herzen freun! Lustig, lustig, tra-la-la-la-la! Bald ist Niklaus-abend da, bald ist Niklaus-abend da!

2. Dann stell ich den Teller auf,
Niklaus legt gewiss was drauf.
Lustig, lustig, tralalalala!
Bald ist Niklausabend da!

3. Wenn ich schlaf, dann träume ich:
Jetzt bringt Niklaus was für mich.
Lustig, lustig, tralalalala!
Bald ist Niklausabend da!

4. Wenn ich aufgestanden bin,
lauf ich schnell zum Teller hin.
Lustig, lustig, tralalalala!
Bald ist Niklausabend da!

5. Niklaus ist ein guter Mann,
dem man nicht g'nug danken kann.
Lustig, lustig, tralalalala!
Bald ist Niklausabend da!

Alle Jahre wieder

1. Al – le Jah – re wie – der kommt das__ Chris – tus – kind
auf die Er – de nie – der,__ wo wir__ Men – schen sind.

2. Kehrt mit seinem Segen
ein in jedes Haus,
geht auf allen Wegen
mit uns ein und aus.

3. Ist auch mir zur Seite
still und unerkannt,
dass es treu mich leite
an der lieben Hand.

Knecht Ruprecht

Von drauß' vom Walde komm ich her;
ich muss euch sagen, es weihnachtet sehr!
Allüberall auf den Tannenspitzen
sah ich goldene Lichtlein sitzen;
und droben aus dem Himmelstor
sah mit großen Augen das Christkind hervor;
und wie ich so strolcht' durch den finstern Tann,
da rief's mich mit heller Stimme an:
»Knecht Ruprecht«, rief es, »alter Gesell,
hebe die Beine und spute dich schnell!
Die Kerzen fangen zu brennen an,
das Himmelstor ist aufgetan,
Alt' und Junge sollen nun
von der Jagd des Lebens einmal ruhn;
und morgen flieg ich hinab zur Erden,
denn es soll wieder Weihnachten werden!«
Ich sprach: »O lieber Herre Christ,
meine Reise fast zu Ende ist;
ich soll nur noch in diese Stadt,
wo's eitel gute Kinder hat.«
»Hast denn das Säcklein auch bei dir?«
Ich sprach: »Das Säcklein, das ist hier:
Denn Äpfel, Nuss und Mandelkern
essen fromme Kinder gern.«
»Hast denn die Rute auch bei dir?«
Ich sprach: »Die Rute, die ist hier;
doch für die Kinder nur, die schlechten,
die trifft sie auf den Teil, den rechten.«

Christkindlein sprach: »So ist es recht;
so geh mit Gott, mein treuer Knecht!«
Von drauß' vom Walde komm ich her;
ich muss euch sagen, es weihnachtet sehr!
Nun sprecht, wie ich's hierinnen find!
Sind's gute Kind, sind's böse Kind?
– *Theodor Storm* –

Margret Rettich
Eine Nikolausgeschichte

Weil alle Leute im Dezember viel öfter und viel mehr einkaufen als sonst, hilft Mama im Schuhgeschäft aus, wo sie früher gearbeitet hat, als Nina und Amelie noch nicht auf der Welt waren. Inzwischen bleiben die beiden bei den Großeltern.

»Hoffentlich wird euch das nicht zu anstrengend«, sagt Mama.

Oma drückt Nina links und Amelie rechts an sich und sagt: »Aber nein! Wir sind doch froh, dass wir sie mal ganz für uns haben.«

Darüber ist nun Mama wieder froh. Sie verspricht Opa und Oma zu Weihnachten ein Paar Schuhe, ganz nach Wahl. Die bekommt sie nämlich preiswert im Schuhgeschäft. Oma wünscht sich gleich warme Pan-

toffeln, ihre sind schon sehr abgetragen. Und für Opa möchte sie neue Stiefel, seine alten sind ganz schief und krumm.

»Aber sie sind bequem, und neue Stiefel drücken«, brummt Opa.

Er stapft in den geschmähten Stiefeln hinaus in den Garten, und Nina und Amelie rennen in gefütterten Gummistiefeln hinterher. Sie schaufeln erst Schnee, dann bauen sie zu dritt einen Schneemann. Der wird so groß, dass Nina aus der Küche einen Schemel holen muss, um den Kopf raufzusetzen. Amelie kommt ins Haus und will einen Eimer als Hut. Und Opa sucht im Keller nach einer Mohrrübe als Nase.

Jedes Mal wischt Oma hinter ihnen den Boden wieder sauber und schimpft: »Rein und raus! Was ihr für Schmutz ins Haus tragt! Schämt euch!« Doch als sie den Schneemann sieht, muss sie lachen. Sie hängt ihm sogar einen alten Schirm über den Arm.

Draußen am Zaun kommt der Nachbar vorbei, der mit seinem Hund spazieren geht. Er bleibt stehen, staunt und sagt: »Das ist ja ein toller Bursche!« Gleich darauf ruft er: »He, Bello, kusch!« Bello hört nicht. Er hat Ninas Gummistiefel abgeschleckt, nun spuckt er aus. Der Nachbar mein: »Bello frisst zwar alles, aber aus Gummi macht er sich gar nichts.« Inzwischen setzt Bello um den Schneemann einen gelben Rand, dann rast er weg.

»He, Bello, kusch!«, ruft der Nachbar wieder und rennt hinterher.

Oma sagt missbilligend: »Dieser Hund ist vollkommen unerzogen, er macht, was er will.« Und ehe sie ins Haus geht, sagt sie noch: »Es wird dunkel. Wenn ihr reinkommt, zieht gefälligst vorher die Stiefel aus. Ich musste schon dreimal hinter euch herwischen.«

»Ist sie uns böse?«, fragt Nina, aber Opa winkt ab. Oma ist überhaupt nicht böse. Sie hat Kakao gekocht und Waffeln gebacken und eine Kerze auf den Tisch gestellt, und es macht ihr gar nichts aus, dass sie später beim Quartett dauernd verliert. Erst als sie in die Diele kommt, schimpft

sie wieder. Dort steht jeder Stiefel in einer Pfütze von geschmolzenem Schnee und ist bis obenhin voll Schmutz.

Oma ruft erbost: »Was? Diese dreckigen Dinger wollt ihr ihm anbieten? Da kehrt er auf der Stelle um!«

»Wer?«, fragen Nina und Amelie, dann fällt ihnen ein, dass morgen ja Nikolaustag ist. Sie hüpfen ausgelassen herum, bis sich Oma links Nina und recht Amelie schnappt und sagt: »Eure Stiefel könnt ihr unten in der Waschküche putzen.«

»Welch ein Glück, dass der Nikolaus nicht zu den Großen kommt«, brummt Opa, aber Oma meint: »Das kann man nie wissen«, und schickt ihn mit seinen schiefen, krummen Stiefeln gleich hinterher. Dann wischt sie zum vierten Mal auf.

Nachdem Nina und Amelie ihre sauberen Gummistiefel ordentlich in die Diele gestellt haben, ist Oma zufrieden. Sie bringt die beiden ins Bett, deckt sie zu und knipst das Licht aus. Als sie die Haustür abgeschlossen und verriegelt hat, stolpert sie über Opas Stiefel, die ebenfalls in der Diele stehen.

Nina fährt hoch und fragt: »War das der Nikolaus?«

»Das war Oma«, sagt Amelie.

Es ist jetzt ganz still im Haus.

Nach einer Weile flüstert Nina: »Ich will nicht einschlafen. Ich will hören, wenn er kommt.« Das will Amelie auch. Sie liegt wach und denkt nach und meint: »Unsere Stiefel und die Stiefel von Opa findet der Nikolaus. Aber Oma kriegt nichts.«

Nina und Amelie müssen sofort etwas unternehmen. Sie schleichen ins Schlafzimmer, wo Oma leise und Opa laut schnarcht. Omas Pantoffeln stehen neben ihrem Bett, und Nina und Amelie bringen sie nach draußen in die Diele. Dann liegen sie wieder da, bleiben wach und warten.

»Warum kommt er nicht endlich?«, flüstert Amelie.

Nina klettert aus dem Bett und tappt zur Tür.

»Wo willst du hin?«, fragt Amelie.

Nina sagt: »Er kann ja gar nicht kommen. Die Tür ist doch zu. Wir müssen sie aufmachen.«

Das leuchtet Amelie ein. Sie kommt mit, und in der Diele klettern beide vorsichtig über Stiefel und Pantoffeln hinweg, schieben den Riegel zurück und drehen den Schlüssel herum. Dann machen sie die Tür einen Spalt breit auf.

Gleich darauf liegen Nina und Amelie wieder im Bett. Sie wollen wach bleiben, aber sie schlafen ein.

Sie schlafen so tief und fest, dass sie nicht hören, wie es gegen Morgen in der Diele poltert. Aber Oma hört es. Sie fährt hoch und lauscht. Es klappert, und es kratzt, und dann wieder hört es sich an, als würde etwas herumgeschleift. Gleich darauf poltert es wieder.

Oma rüttelt Opa wach und raunt: »Ich glaube, bei uns sind Einbrecher!«

Opa will sofort nachsehen, doch Oma hält ihn fest und meint: »Ruf lieber erst die Polizei an!« Das ist leicht gesagt. Das Telefon steht nämlich in der Diele, und dort kann Opa nicht hin, solange ihn Oma am Kragen hat. Beide hören, wie auf der Straße jemand pfeift und ruft. Aufgeregt flüstert Oma: »Es sind mehrere! Wenn sie nur den armen Kindern nichts antun!«

Da hält es Opa nicht länger.

Er reißt sich von Oma los, springt aus dem Bett, läuft hinaus und brüllt: »Halt! Wer ist da?«

Ein Hund bellt. Eine Tür klappt. Danach ist alles still.

Oma wickelt sich in ihren Morgenrock. Sie angelt vergeblich nach ihren Pantoffeln. Dann kommt sie auf Strümpfen in die Diele und guckt sich um. Sie jammert: »Oje, oje, ojemine«, denn es sieht schlimm dort aus. Die Stiefel und Gummistiefel und Pantoffeln liegen wild durcheinander. Ein Stiefel von Opa hat keine Kappe und keinen Absatz mehr. Der andere besteht aus drei kaputten Teilen, die am Schnürband hängen. Von einem Pantoffel fehlt die Sohle, der andere ist zerrissen und zerfetzt. Nur die Gummistiefel sind heil geblieben. Opa sagt: »Das war Bello. Ich habe noch gesehen, wie er rausgerannt ist.«

»Aber wie ist er reingekommen?«, ruft Oma. »Ich habe die Tür verriegelt und abgeschlossen.«

Jetzt steht die Tür weit auf. Der Wind hat einen Haufen Schnee über die Schwelle geweht.

»Vielleicht hat sie jemand für den Nikolaus aufgemacht«, meint Opa.

Darüber müssen Oma und Opa lachen. Sie ziehen die Holzpantinen an und machen Ordnung. Opa bringt die Reste von den Stiefeln und Pantoffeln in die Mülltonne, und Oma wischt zum fünften Mal auf. Dabei fällt ihr etwas ein. Sie sagt: »Ein Glück, dass es Weihnachten neue Stiefel und Pantoffeln gibt.«

Opa brummt: »Ein Glück, dass sich Bello nichts aus Gummi macht!«

Als sie in der Küche beim Frühstück sitzen, hören sie, wie Nina und Amelie draußen in der Diele jubeln, denn die Gummistiefel sind bis obenhin voll mit Süßigkeiten.

Manfred Kyber

Der kleine Tannenbaum

Es war einmal ein kleiner Tannenbaum im tiefen Tannenwalde, der wollte so gerne ein Weihnachtsbaum sein. Aber das ist gar nicht so leicht, wie man das meistens in der Tannengesellschaft annimmt, denn der heilige Nikolaus ist in der Beziehung sehr streng und erlaubt nur den Tannen, als Weihnachtsbaum in Dorf und Stadt zu spazieren, die dafür ganz ordnungsmäßig in seinem Buch aufgeschrieben sind. Das Buch ist ganz schrecklich groß und dick, so, wie sich das für einen guten alten Heiligen geziemt, und damit geht er im Walde herum, in den klaren, kalten Winternächten, und sagt es all den Tannen, die zum Weihnachtsfeste bestimmt sind. Und dann erschauern die Tannen, die zur Weihnacht erwählt sind, vor Freude und neigen sich dankend, und dazu leuchtet des Heiligen Heiligenschein, und das ist sehr schön und sehr feierlich.

Und der kleine Tannenbaum im tiefen Tannenwalde, der wollte so gerne ein Weihnachtsbaum sein.

Aber manches Jahr schon ist der heilige Nikolaus in den klaren Winternächten an dem kleinen Tannenbaum vorbeigegangen und hat wohl ernst und geschäftig in sein schrecklich großes Buch geguckt, aber auch nichts und gar nichts dazu gesagt. Der arme kleine Tannenbaum war eben nicht ordnungsmäßig vermerkt – und da ist er sehr, sehr traurig geworden und hat ganz schrecklich geweint, sodass es ordentlich tropfte von allen Zweigen. Wenn jemand so weint, dass es tropft, so hört man das natürlich, und diesmal hörte das ein kleiner Wicht, der ein grünes Moosröcklein trug, einen grauen Bart und eine feuerrote Nase hatte und in einem dunklen Erdloch wohnte. Das Männchen aß Haselnüsse, am liebsten dicke, und war ein ganz boshaftes kleines Geschöpf. Aber den

162

Tannenbaum mochte es gerne leiden, weil es oft von ihm ein paar grüne Nadeln geschenkt bekam für sein gläsernes Pfeifchen, aus dem es immer blaue ringelnde Rauchwolken in die goldene Sonne blies – und darum ist der Wicht auch gleich herausgekommen, als er den Tannenbaum so jämmerlich weinen hörte, und hat gefragt: »Warum weinst du denn so schrecklich, dass es tropft?«

Da hörte der kleine Tannenbaum etwas auf zu tropfen und erzählte dem Männchen sein Herzeleid. Der Wicht wurde ganz ernst, und seine glühende Nase glühte so sehr, dass man befürchten konnte, das Moosröcklein finge Feuer, aber es war ja nur die Begeisterung, und das ist nicht gefährlich. Der Wichtelmann war also begeistert davon, dass der kleine Tannenbaum im tiefen Tannenwalde so gerne ein Weihnachtsbaum sein wollte, und sagte bedächtig, indem er sich aufrichtete und ein paarmal bedeutsam schluckte: »Mein lieber kleiner Tannenbaum, es ist zwar unmöglich, dir zu helfen. Aber ich bin eben ich, und mir ist es vielleicht doch nicht unmöglich, dir zu helfen. Ich bin nämlich mit einigen

Wachslichtern, darunter mit einem ganz bunten, befreundet, und die will ich bitten, zu dir zu kommen. Auch kenne ich ein großes Pfefferkuchenherz, das allerdings nur flüchtig – aber jedenfalls will ich sehen, was sich machen lässt. Vor allem aber weine nicht mehr so schrecklich, dass es tropft.« Damit nahm der kleine Wicht einen Eiszapfen in die Hand als Spazierstock und wanderte los durch den tiefen, weiß verschneiten Wald, der fernen Stadt zu.

Es dauerte sehr, sehr lange, und am Himmel schauten schon die ersten Sterne der Heiligen Nacht durchs winterliche Dämmergrau auf die Erde hinab, und der kleine Tannenbaum war schon wieder ganz traurig geworden und dachte, dass er nun doch wieder kein Weihnachtsbaum sein würde. Aber da kam's auch schon ganz eilig und aufgeregt durch den Schnee gestapft, eine ganz kleine Gesellschaft: der Wicht mit dem Eiszapfen in der Hand und hinter ihm sieben Lichtlein – und auch eine

Zündholzschachtel war dabei, auf der sogar was draufgedruckt war und die so kurze Beinchen hatte, dass sie nur mühsam durch den Schnee wackeln konnte. Wie sie nun alle vor dem kleinen Tannenbaum standen, da räusperte sich der kleine Wicht im Moosröcklein vernehmlich, schluckte ein paarmal gar bedeutsam und sagte: »Ich bin eben ich – und darum sind auch alle meine Bekannten mitgekommen. Es sind sieben Lichtlein aus allervornehmstem Wachs, darunter sogar ein buntes, und auch die Zündholzschachtel ist aus einer ganz besonders guten Familie, denn sie zündet nur an der braunen Reibfläche. Und jetzt wirst du also ein Weihnachtsbaum werden. Was aber das große Pfefferkuchenherz betrifft, das ich nur flüchtig kenne, so hat es auch versprochen zu kommen, es wollte sich nur noch ein Paar warme Filzschuhe kaufen, weil es gar

so kalt ist draußen im Walde. Eine Bedingung hat es freilich gemacht: Es muss gegessen werden, denn das müssen alle Pfefferkuchenherzen, das ist nun mal so. Ich habe schon einen Dachs benachrichtigt, den ich sehr gut kenne und dem ich einmal in einer Familienangelegenheit einen guten Rat gegeben habe. Er liegt jetzt im Winterschlaf, doch versprach er, als ich ihn weckte, das Pfefferkuchenherz zu speisen. Hoffentlich verschläft er's nicht!«

Als das Männchen das alles gesagt hatte, räusperte es sich wieder vernehmlich und schluckte ein paarmal gar bedeutsam, und dann verschwand es im Erdloch. Die Lichtlein aber sprangen auf den kleinen Tannenbaum hinauf, und die Zündholzschachtel, die aus so guter Familie war, zog sich ein Zündholz nach dem anderen aus dem Magen, strich es an der braunen Reibfläche und steckte alle die Lichtlein der Reihe nach an. Und wie die Lichtlein brannten und leuchteten im tief verschneiten Walde, da ist auch noch keuchend und atemlos vom eiligen Laufen das Pfefferkuchenherz angekommen und hängte sich sehr freundlich und verbindlich mitten in den grünen Tannenbaum, trotzdem es nun doch die warmen Filzschuhe unterwegs verloren hatte und arg erkältet war. Der kleine Tannenbaum aber, der so gerne ein Weihnachtsbaum sein wollte, der wusste gar nicht, wie ihm geschah, dass er nun doch ein Weihnachtsbaum war.

Am anderen Morgen aber ist der Dachs aus seiner Höhle gekrochen, um sich das Pfefferkuchenherz zu holen. Und wie er ankam, da hatten es die kleinen Englein schon gegessen, die ja in der Heiligen Nacht auf die Erde dürfen und die so gerne die Pfefferkuchenherzen speisen. Da ist der Dachs sehr böse geworden und hat sich bitter beklagt und ganz furchtbar auf den kleinen Tannenbaum geschimpft.

Dem aber war das ganz einerlei, denn wer einmal in seinem Leben seine heilige Weihnacht gefeiert hat, den stört auch der frechste Frechdachs nicht mehr.

Tannengeflüster

Wenn die ersten Fröste knistern,
in dem Wald bei Bayrisch-Moos;
geht ein Wispern und ein Flüstern
in den Tannenbäumen los,
ein Gekicher und Gesumm
ringsherum.

Eine Tanne lernt Gedichte,
eine Lärche hört ihr zu.
Eine dicke, alte Fichte
sagt verdrießlich: »Gebt doch Ruh!
Kerzenlicht und Weihnachtszeit
sind noch weit!«

Vierundzwanzig lange Tage
wird gekräuselt und gestutzt
und das Wäldchen ohne Frage
wunderschön herausgeputzt.
Wer noch fragt: »Wieso? Warum?«
Der ist dumm.

Was das Flüstern hier bedeutet,
weiß man selbst im Spatzennest:
Jeder Tannenbaum bereitet
sich nun vor aufs Weihnachtsfest,
denn ein Weihnachtsbaum zu sein:
Das ist fein!
– James Krüss –

Ihr Kinderlein kommet

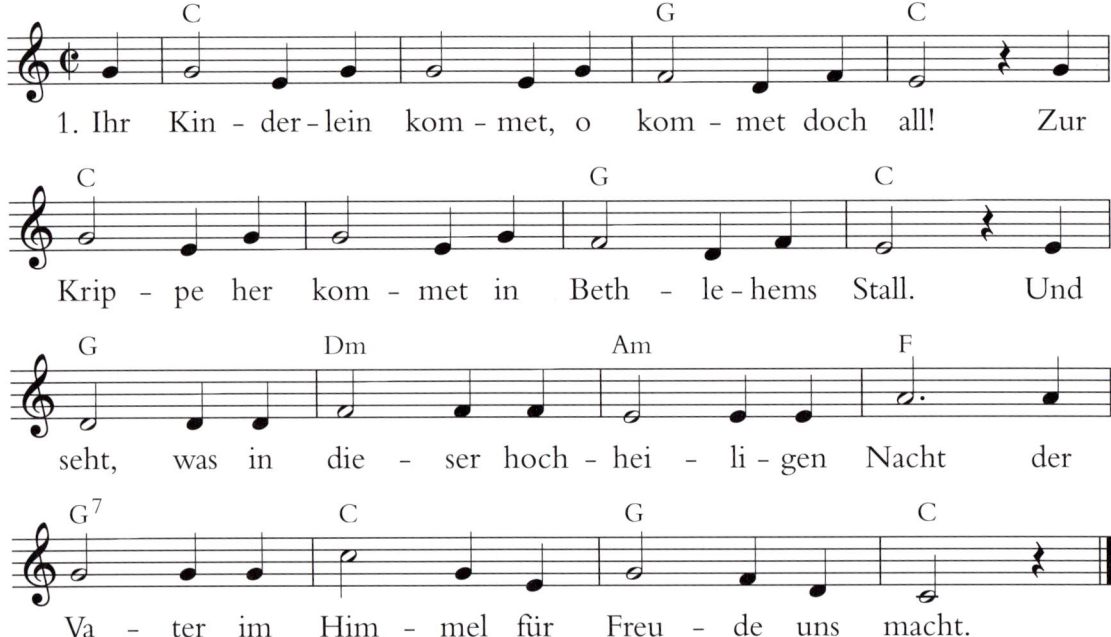

1. Ihr Kin - der - lein kom - met, o kom - met doch all! Zur Krip - pe her kom - met in Beth - le - hems Stall. Und seht, was in die - ser hoch - hei - li - gen Nacht der Va - ter im Him - mel für Freu - de uns macht.

2. O seht in der Krippe im nächtlichen Stall,
seht hier bei des Lichtleins hell glänzenden Strahl
in reinlichen Windeln das himmlische Kind,
viel schöner und holder, als Englein es sind.

3. Da liegt es, das Kindlein, auf Heu und auf Stroh,
Maria und Josef betrachten es froh.
Die redlichen Hirten knien betend davor,
hoch oben schwebt jubelnd der Engelein Chor.

168

4. O beugt wie die Hirten anbetend die Knie,
erhebet die Händlein und danket wie sie.
Stimmt freudig, ihr Kinder – wer sollt' sich nicht freun? –,
stimmt freudig zum Jubel der Engel mit ein!

5. Du liebes, du gutes, du göttliches Kind,
was leidest du alles für unsere Sünd'!
Ach, hier in der Krippe schon leidest du Not,
am Kreuze dort gar noch den bitteren Tod.

6. Was geben wir Kinder, was schenken wir dir,
du bestes und liebstes der Kinder, dafür?
Nichts willst du von Schätzen und Reichtum der Welt,
ein Herz nur voll Demut allein dir gefällt.

7. So nimm unsre Herzen zum Opfer denn hin,
wir geben sie gerne mit fröhlichem Sinn,
und mache sie heilig und selig wie deins,
und mach sie auf ewig mit deinem in eins.

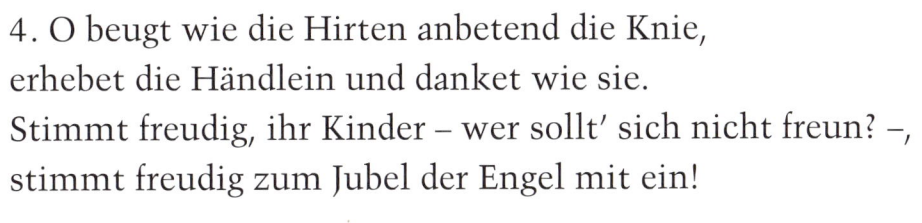

Weihnachten

Markt und Straßen stehn verlassen,
still erleuchtet jedes Haus,
sinnend geh ich durch die Gassen,
alles sieht so festlich aus.

An den Fenstern haben Frauen
buntes Spielzeug fromm geschmückt,
tausend Kindlein stehn und schauen,
sind so wunderstill beglückt.

Und ich wandre aus den Mauern
bis hinaus ins freie Feld,
hehres Glänzen, heil'ges Schauern!
Wie so weit und still die Welt!

Sterne hoch die Kreise schlingen,
aus des Schneees Einsamkeit
steigt's wie wunderbares Singen –
O du gnadenreiche Zeit!
– *Joseph von Eichendorff* –

Paul Maar
Der doppelte Weihnachtsmann

Ich muss ungefähr sechs Jahre alt gewesen sein, als ich anfing, nicht mehr so recht an den Weihnachtsmann zu glauben.

»Gibt es den Weihnachtsmann eigentlich wirklich?«, fragte ich Mama, als wir am Nachmittag gemütlich zusammensaßen und Weihnachtsschmuck bastelten.

»Du hast ihn doch oft gesehen«, sagte Mama. »Erinnerst du dich nicht mehr an letztes Weihnachten, wie er hereinkam hier ins Zimmer, mit seinem langen Mantel und seinem weißen Bart? Wir haben doch zusammen Weihnachtslieder gesungen.«

»Ja, ja«, sagte ich. »Aber wie viele Weihnachtsmänner gibt es eigentlich?«

»Wie viele? Natürlich nur einen. Den Weihnachtsmann!«

»Und der kommt auch zum Klaus?«, fragte ich weiter. Klaus war mein Freund. Er wohnte ein paar Häuser weiter.

»Ja, natürlich«, sagte Mama.

»Und zu Elke nach Paderborn auch?« Elke war vor zwei Monaten mit ihren Eltern nach Paderborn gezogen.

»Ja, zu Elke auch«, sagte Mama.

»Und zu den Kindern in München und in Hamburg?«, fragte ich.

»Zu denen kommt er auch!«

»Wie kann er denn am gleichen Abend in München und in Hamburg und in Paderborn sein?«, fragte ich.

»Wie er das kann, weiß ich auch nicht«, sagte Mama. »Er kann es halt. Dafür ist er eben der Weihnachtsmann. Als Weihnachtsmann kann er vielleicht an zwei Orten gleichzeitig sein.«

171

Damit waren meine Zweifel aber noch lange nicht verschwunden. Ich hatte sogar einen bestimmten Verdacht.

»Wieso ist Papa eigentlich nie dabei, wenn der Weihnachtsmann kommt?«, fragte ich.

Mama tat erstaunt. »Ist er denn nie dabei?«, fragte sie.

»Nein«, antwortete ich. »Jedes Mal sagt er am Weihnachtsabend, er müsse noch was erledigen, und dann geht er weg. Und gleich darauf kommt dann der Weihnachtsmann. Und wenn der Weihnachtsmann mit dir und mir Lieder gesungen hat und wieder weggegangen ist, dann kommt Papa zurück und fragt uns, wie es denn gewesen sei mit dem Weihnachtsmann!«

»So ein Zufall!«, sagte Mama. »Ich werde Papa sagen, dass er diesmal dableiben soll, wenn der Weihnachtsmann kommt.«

Als Papa am Abend nach Hause gekommen war, hörte ich die beiden in der Küche halblaut miteinander reden. Ich ging leise zur offenen Weihnachtstür, um zuzuhören.

»Du kannst es jedenfalls nicht mehr machen«, sagte Mama gerade zu Papa. »Er hat etwas gemerkt.«

»Aber wer denn dann?«, fragte Papa.

»Vielleicht Robert?«, sagte Mama. »Wir haben Robert doch sowieso zu Weihnachten eingeladen. Da kann er ja …« In diesem Augenblick sah sie mich in der Tür stehen, brach mitten im Satz ab und sagte zu mir. »Du musst jetzt mal in dein Zimmer gehen. Wir wollen etwas Wichtiges besprechen. Etwas, das nur Erwachsene angeht.«

Damit schob sie mich in mein Zimmer, und ich konnte nicht erfahren, was die beiden wohl besprechen wollten.

Drei Tage später war Weihnachtsabend. Wir saßen im Esszimmer und warteten auf den Weihnachtsmann. Und auf Onkel Robert. Onkel Robert war der Bruder von Papa. Er wollte dieses Weihnachten mit uns

feiern. »Wo Robert nur bleibt?«, sagte Papa und schaute auf die Uhr. »Er wollte doch schon längst da sein.«

»Es schneit. Vielleicht kommt er mit dem Auto nicht durch«, sagte Mama.

»Hoffentlich hast du recht«, meinte Papa und schaute wieder auf die Uhr.

Wir warteten eine Viertelstunde, eine halbe Stunde, und ich fragte alle fünf Minuten, wann denn der Weihnachtsmann käme.

Aber er kam nicht. Und Onkel Robert auch nicht.

Papa wurde immer ungeduldiger. Plötzlich sprang er auf, ging aus dem Zimmer und rief uns im Hinausgehen zu: »Ich muss noch 'ne Kleinigkeit erledigen. Es dauert nicht lange, ich bin gleich wieder da!«

Ich fand es sehr schade, dass Papa gerade jetzt wegmusste. Ich hatte Sorge, der Weihnachtsmann könnte vielleicht wieder gerade dann kommen, wenn Papa weg wäre. Und wirklich: Papa war kaum fünf Minuten aus dem Zimmer, da klopfte es an der Tür, und der Weihnachtsmann kam herein.

Es war wie jedes Jahr: Erst fragte er mich, ob ich auch immer schön brav gewesen sei. Dann sangen wir zusammen Stille Nacht, und dann gingen alle hinüber ins Weihnachtszimmer.

Nach einer Weile sagte Mama: »So, lieber Weihnachtsmann, jetzt hast du dir einen ordentlichen Schluck verdient, jetzt darfst du in die Küche gehen und was trinken!« Und der Weihnachtsmann ging in die Küche.

Kaum war der Weihnachtsmann hinter der Küchentür verschwunden, da hörten Mama und ich vom Flur her laute Schritte und Gepolter.

»Um Gottes willen!«, rief Mama, irgendwie erschrocken. »Nein, Robert ...«

Da ging die Tür auf. Aber es war nicht Robert, der hereinkam, sondern der Weihnachtsmann. Weiß der Himmel, wie er es geschafft hatte, von

der Küche aus in den Flur zu kommen! Vielleicht war er aus dem Küchenfenster gestiegen und zum Flurfenster wieder herein. Er kam direkt auf mich zu. Ich war so damit beschäftigt, meine Geschenke auszupacken, dass ich ihn gar nicht weiter beachtete. Schließlich hatten wir uns ja eben lange unterhalten und zusammen ein Lied gesungen!

»Ja, willst du denn gar nicht aufstehen?«, fragte der Weihnachtsmann mit tiefer Stimme und baute sich vor mir auf.

Erstaunt stellte ich mich vor ihn hin.

»Nun, bist du denn auch immer brav gewesen?«, fragte er und schaute mich streng an.

»Das habe ich dir doch gerade schon gesagt«, sagte ich erstaunt.

»Wann gerade?«, fragte der Weihnachtsmann.

»Na, eben«, sagte ich. »Bevor wir zusammen gesungen haben.«

»Wann sollen wir gesungen haben?«, fragte der Weihnachtsmann ganz ratlos. Ich wusste nicht, ob er wirklich so vergesslich war oder ob er vielleicht einen Spaß machen wollte. Ich sagte mal überhaupt nichts.

»Was haben wir denn angeblich gesungen?«, fragte der Weihnachtsmann weiter.

»Na, Stille Nacht, hei…« So weit war ich gerade gekommen, da schaute ich zufällig zur Küchentür hinüber. Und da sah ich etwas so Verwunderliches, dass ich aufhörte zu reden und mit offenem Mund staunte. Mama hatte doch recht gehabt! Der Weihnachtsmann konnte wirklich an mehreren Orten gleichzeitig sein. Denn der Weihnachtsmann stand nicht nur vor mir, mit seinem langen Mantel und seinem weißen Bart, er stand auch gleichzeitig in der Küchentür, hatte ein Glas Wein in der Hand und schaute verblüfft ins Wohnzimmer.

Als der Weihnachtsmann sich sah (oder muss man sagen: als die Weihnachtsmänner einander sahen?), machten beide kehrt, gingen hastig aus dem Zimmer und klappten die Tür hinter sich zu.

Nach einer Weile kam Papa zurück. Und mit ihm Onkel Robert, der inzwischen auch eingetroffen war.

»Stellt euch vor, ich habe den Weihnachtsmann doppelt gesehen!«, erzählte ich ihnen gleich aufgeregt.

Aber sie gingen gar nicht darauf ein, sondern meinten nur, es sei höchste Zeit, dass wir nach all diesen Aufregungen mit dem Weihnachtsabendessen begännen.

Was sie allerding mit »Aufregung« meinten, ist mir nie ganz klar geworden. Denn schließlich waren Papa und Onkel Robert ja gar nicht dabei gewesen, als ich diese aufregende Weihnachtsmannverdopplung erlebte.

Kirsten Boie
Der Heilige Tag

Der längste Tag im ganzen Jahr ist immer der Heiligabend. Wenn man morgens aufwacht, ist es noch dunkel, und dann muss man warten, bis es hell und wieder dunkel wird. Dann ist Bescherung. Und Spielen macht am Heiligen Abend auch keinen Spaß, weil man so aufgeregt ist, und Fernsehen kann man nicht gut gucken, weil das Wohnzimmer abgeschlossen ist, und Schlitten fahren wie die Kinder auf den Weihnachtskarten kann man auch nicht, weil natürlich wieder kein Schnee liegt.

»Wenn ich groß bin, zieh ich nach Amerika«, sagt Jesper beim Frühstück düster. In den Ferien frühstückt er immer im Schlafanzug. »Da gibt es die Geschenke schon morgens.«

»Ehrlich wahr, Jesper, gibt's die schon morgens?«, fragt Janna. Sie hat noch kein bisschen von ihrem Brötchen gegessen, obwohl es heute ausnahmsweise Nussschoko-Creme gibt. Wenn man aufgeregt ist, kann man nichts essen.

»In Amerika schon«, sagt Jesper. »Im Strumpf. Und der hängt am Kamin.«

»Und wenn man keinen Kamin hat?«, fragt Janna erschrocken. »Wie wir?«

Jesper denkt einen Augenblick nach. »Dann hängt der vielleicht an der Heizung«, sagt er. »Schon morgens. In Amerika.«

Janna zieht nachdenklich mit ihrem kleinen Finger eine Furche durch die Schokoladen-Creme auf dem Brötchen. Dann leckt sie ihn ab. »Da will ich trotzdem nicht sein«, sagt sie. »Wenn es da nur einen Strumpf voll gibt. Da passen ja nur ganz kleine Geschenke rein.«

Daran hat Jesper noch gar nicht gedacht. Aber vielleicht ist es dann

doch besser, bis zum Nachmittag zu warten, und dafür gibt es was Ordentliches.

»Und nun zieht euch mal ganz schnell an!«, sagt Mama. Sie hat eine Schürze um und sieht noch kein bisschen weihnachtlich aus. »Wir müssen noch so viel erledigen! Da brauch ich doch eure Hilfe.«

Sonst findet Jesper es eigentlich meistens gar nicht so gut, wenn Mama seine Hilfe braucht. Abtrocknen oder Selter aus dem Keller holen oder Tisch decken, zum Beispiel. Aber Heiligabend ist es besser als gar nichts. Da weiß man wenigstens, was man tun kann.

Darum zieht Jesper sich auch ganz fix an, aber natürlich ist Janna trotzdem mal wieder schneller, und Julie ist sowieso schon längst angezogen. Julie ist auch kein bisschen aufgeregt. Sie sitzt mit Anna-Pouchette unter dem Küchentisch und wäscht sie mit dem Küchenschwamm.

»Also, als Erstes den Kartoffelsalat«, sagt Mama und stellt eine große Schüssel auf den Tisch. »Ich habe schon alles gepellt.«

Am Heiligabend gibt es mittags immer Kartoffelsalat, und immer schnippeln sie ihn erst am Morgen, obwohl Mama seufzt und sagt, dass er eigentlich besser durchzieht wenn man ihn schon am Abend vorher macht. Aber sie braucht ja Jesper und Janna zum Helfen, und das können sie wohl kaum in der Nacht tun.

»Und schön dünn schneiden!«, sagt Mama. »Und nicht in die Finger!« Dann gibt sie Jesper und Janna jedem ein Brett und ein Messer und geht, um die Betten zu machen.

Im Radio spielen sie jetzt lauter Weihnachtslieder, und Jesper und Janna schneiden Kartoffeln, und unter dem Tisch haut Jule Pouchette mit dem Schwamm auf den Kopf. Es ist richtig schön weihnachtlich.

»Denkt euch, ich habe das Christkind gesehn!«, sagt Janna und schiebt ihre Kartoffelscheiben mit dem Messer in die Schüssel. »Es kam aus dem Walde, das Mützchen voll Schnee …«

»Du wolltest das nicht sagen!«, sagt Jesper böse. Nun hat er sich so viel Mühe gegeben, und dann fängt Janna doch wieder an. »Wir machen das Krippenspiel!«

»Und das Gedicht!«, sagt Janna energisch. »Beides … mit gefrorenem Näschen! Die kleinen Hände taten ihm weh …!«

»Sagst du nicht!«, schreit Jesper böse. »Sagst du nicht!«

»Denn es trug einen Sack!«, sagt Janna, und jetzt schneidet sie gar keine Kartoffeln mehr. Jetzt guckt sie nur immerzu Jesper an und lächelt dabei. »Der war gar schwer! Rumpelte und pumpelte hinter ihm her …«

»Sagst du nicht!«, schreit Jesper verzweifelt. »Sagst du nicht!«

Aber Janna lächelt nur weiter. »Was drinnen war, möchtet ihr wissen?«, sagt sie, und sie kann es sogar mit Betonung. »Ihr Naseweise! Ihr Schelmenpack! Denkt ihr …«

Da gibt Jesper ihr einen Stoß, und Janna brüllt, und Mama kommt und fragt, ob sie verrückt geworden sind, sich zu streiten, am Heiligabend und noch dazu mit einem Messer in der Hand. Da kann doch wer weiß was passieren.

Dann entdeckt sie Jule unter dem Tisch, und sie nimmt ihr den Küchenschwamm weg, aber Pouchette hat trotzdem schon überall nasse Stellen auf dem Kleid und sogar im Gesicht. Aber bestimmt kann sie trotzdem noch Jesus sein.

»Na denn!«, sagt Mama grimmig. »Jetzt weiß ich mal wieder, dass Weihnachten ist.«

Aber dann holt sie tief Luft. »Mit den Kartoffeln seid ihr ja fleißig gewesen!«, sagt sie. »Vielen Dank! Die sind ja schon fast alle geschnitten. Janna, dann kannst du den Rest auch alleine schaffen, oder? Jesper muss mir nämlich jetzt schon was anderes helfen«, und jetzt klingt sie schon wieder ganz freundlich.

»Ja?«, sagt Jesper vorsichtig. »Was denn?«

»Einkaufen gehen«, sagt Mama. »Ich brauche noch dringend …«

Von den Kindern ist Jesper der Einzige, der schon alleine einkaufen darf. Man muss über zwei große Straßen, und dazu ist Janna noch zu klein, aber Jesper geht ja schon in die erste Klasse, da kann man ihm das wohl zutrauen.

Jesper steht schnell auf. »Ätschi-bätschi«, sagt er zu Janna. »Ich geh jetzt einkaufen! Alleine! Mach du mal die Kartoffeln!« Und er steigt schnell in seine Stiefel.

»Also, ich brauche noch dringend«, sagt Mama, und sie sieht aus, als ob sie nachdenkt, »Mehl brauch ich noch dringend, ja, Mehl. Kannst du mir das besorgen, Jesper?«

»Kann ich dir logisch besorgen«, sagt Jesper, und weil Heiligabend ist, bindet er sich sogar einen Schal um, ohne zu schimpfen, und Mama gibt ihm das Geld, und dann zieht er los.

Auf den Straßen sind heute nur ganz wenige Kinder. Nur vor Nickis Haus spielt ein winziges Mädchen, aber Nicki sitzt bestimmt wieder im Wohnzimmer und guckt fern. In der Schule hat Nicki gesagt, dass er das darf. Sogar am Heiligabend.

Aber im Supermarkt, da ist es voll. Tausend Frauen mit bösen Gesichtern drängeln sich in den schmalen Gängen, und in ihren Einkaufswagen sitzen kleine Kinder und schreien. Aus dem Lautsprecher kommt leise Weihnachtsmusik ohne Worte, und dazwischen sagt eine freundliche Stimme: »Beachten Sie bitte auch unsere heutigen Sonderangebote! Wir wünschen Ihnen ein frohes Fest!«

Jesper seufzt. Es ist gar nicht so einfach, den großen Einkaufswagen an all den vielen Frauen vorbeizuschieben. Einmal stößt er einer gegen den Po, und da schreit sie: »Kannst du denn nicht aufpassen!«, und weil Jesper sich entschuldigen will, schiebt er nicht gleich weiter, und da schreit eine andere Frau: »Kannst du denn nicht weitergehen! Du blockierst ja den ganzen Laden!«

Da nimmt Jesper seinen Wagen und geht ganz schnell zum Mehl, und »Entschuldigung« hat er nun auch nicht gesagt.

»Sti-hille Nacht«, spielen die Lautsprecher ohne Worte, und ganz leise und vorsichtig summt Jesper mit. »Heilige Nacht …«

Die sind hier ja alle gar nicht weihnachtlich, denkt Jesper böse. So ein Geschubse. Und das soll nun Heiligabend sein!

Die Schlange an der Kasse geht fast durch den ganzen Laden. Alle Frauen haben volle Einkaufswagen, aber keine sagt, dass sie Jesper mit seiner kleinen Mehltüte vorlässt.

Da stellt Jesper sich ganz hinten an, und das macht ihm auch gar nicht viel aus. Der Weihnachtstag ist sowieso so lang, da ist es ganz gut, wenn er mit dem Einkaufen nicht so schnell fertig ist.

Aber die Frauen vor ihm haben es alle ganz eilig. Sie gucken auf ihre

Uhren und schimpfen mit ihren Kindern, und drei Wagen vor Jesper gibt eine Mutter einem brüllenden kleinen Jungen sogar einen Klaps.

»Bist du wohl still!«, schreit die Mutter. »Bist du wohl jetzt endlich still!«

Gar nicht weihnachtlich, denkt Jesper, absolut kein bisschen weihnachtlich. Aus den Lautsprechern kommt jetzt »Süßer die Glocken nie klingen«, und das singen sie auch in der Schule. Da kennt Jesper den ganzen Text. »Als in der Weih-hei-nachtszeit«, schließlich kann er sich auch Sachen merken. Nur lange Gedichte nicht so fürchterlich gut, das ist ja auch gar nicht wichtig. Ganz leise fängt Jesper an mitzusingen. »…'s ist, als ob Engelein singen, wieder von Frieden und Freud«, und er merkt, wie er innen drin wieder ganz vergnügt wird. Hinter ihm in der Schlange steht ein Mädchen mit seiner Mitter, das kennt Jesper aus Jannas Kindergartengruppe, und jetzt singt das Mädchen auch mit.

»Wie sie gesungen in seliger Nacht!«, singt das Mädchen. Ganz laut. »Wie sie gesungen in seliger Nacht!«

Jesper zieht den Kopf zwischen die Schultern. Hoffentlich gucken jetzt nicht alle her! Einfach für sich selber wollte er singen, ganz leise, damit ihm wieder weihnachtlich wird, und jetzt hören es alle Leute. Das ist Jesper ganz furchtbar peinlich.

Und da fängt die Mutter von dem Mädchen auch noch an! »Glocken mit heiligem Kla-hang!«, singt sie, und sie lacht dabei, und von vorne drehen sich die Leute jetzt wirklich um, und manche fangen auch einfach mit an zu singen. »Glocken mit heiligem Kla-hang, klingt doch die Erde entlang!«

Jesper holt einmal tief Luft. Ganz viele haben da jetzt mitgesungen, mitten im Supermarkt. In der Schlange im Supermarkt haben sie gesungen, alle die Frauen mit den bösen Gesichtern, und die kleinen Kinder in den Einkaufswagen haben vor Schreck aufgehört zu schreien.

Jesper dreht sich um und lächelt das Mädchen aus Jannas Gruppe an, und das Mädchen lächelt zurück.

»Bitte beachten Sie auch unsere heutigen Sonderangebote!«, ruft der Lautsprecher wieder. »Wir wünschen Ihnen ein frohes Fest.«

Jesper seufzt. So muss es am Heiligabend doch sein, denkt er zufrieden. Genau so muss es am Heiligabend sein. Dann ist ja alles in Ordnung.

Als das nächste Lied kommt, singt keiner mehr mit, aber man kann hören, dass ganz viele summen. Das tut Jesper jetzt auch. Die Worte kennt er sowieso nicht, es ist ein englisches Lied.

»Frohe Weihnachten«, sagt Jesper höflich zu der Frau an der Kasse, als er sein Mehl bezahlt, und die Frau lächelt und sagt auch »Frohe Weihnachten«.

Dann rennt Jesper ganz schnell nach Hause. Da ist jetzt auch Papa von der Arbeit zurück, und er deckt den Tisch und kocht die Würstchen für den Kartoffelsalat, weil er das jedes Jahr Weihnachten tut. Papa sagt, Würstchen kochen kann in dieser Familie keiner so gut wie er, und wirklich schmecken sie auch immer sehr gut. Dann essen sie alle zusammen und ziehen sich weihnachtlich an, und Papa liest noch eine Geschichte vor bis zur Bescherung. Nur Jule hört nicht zu und versucht wieder, Anna-Pouchette mit dem Küchenschwamm zu waschen, aber leider erwischt Mama sie dieses Mal sofort, und da muss Jule ganz fürchterlich brüllen.

Und dann wird es endlich ein ganz kleines bisschen dämmerig.

»Na, dann wollen wir mal«, sagt Papa und verschwindet im Weihnachtszimmer. Jesper stöhnt. Die schöne Weihnachtsliederplatte fängt an zu spielen wie jedes Jahr, und durch die Riffelglasscheibe an der Tür kann man sehen, wie die Kerzen anfangen zu brennen, eine nach der anderen und ganz verschwommen.

Jespers Herz fängt an zu klopfen, und die Knie zittern ihm wie bisher erst zweimal in seinem Leben. Dann geht die Tür ganz langsam auf.

»Denkt euch, ich habe das Christkind gesehen«, sagt Janna laut mit ganz wunderbarer Betonung, und Jule schreit: »Bammabaum!«

Vor dem Fenster, gleich neben dem Fernseher, steht ganz riesengroß der Tannenbaum, und von jeder der drei Spitzen baumelt in Glitzerpapier ein Schokoladenstern. Da weiß Jesper, dass es jetzt Weihnachten ist.

183

Register

Lieder

Alle Jahre wieder

Alle Vögel sind schon da

Bunt sind schon die Wälder

Die Tiere feiern Karneval

Has', Has', Osterhas'

Ich geh mit meiner Laterne

Ihr Kinderlein kommet

Juchhe, der erste Schnee

Lasst uns froh und munter sein

Liebe, liebe Sonne

Ringel, Ringel, Reihe

Sankt Martin

Scheint die helle Sonne

Schneeflöckchen, Weißröckchen

Spannenlanger Hansel

Trarira, der Sommer, der ist da!

Quellenverzeichnis

Gedichte

Bydlinski, Georg: *Garten*. Aus: Georg Bydlinski: Wasserhahn und Wasserhenne. © Dachs Verlag Wien, 2002

Guggenmos, Josef: *Die Tulpe*. Aus: Josef Guggenmos: Was denkt die Maus am Donnerstag? © Beltz Verlag, Weinheim und Basel, Programm Beltz & Gehlberg, Weinheim 1992

Hacks, Peter: *Der Herbst steht auf der Leiter*. Aus: Peter Hacks: Der Flohmarkt. © Eulenspiegel Verlag Berlin

Krüss, James: *Tannengeflüster*. Aus: James Krüss: Der wohltemperierte Leierkasten, C. Bertelsmann Jugendbuch Verlag, München, ein Unternehmen der Verlagsgruppe Random House, 2001. © Erben James Krüss

Geschichten

Ameling, Anne: *Ein Schatz für den Schmatz*. © bei der Autorin

Arold, Marliese: *Wenn Drachen Drachen steigen lassen …* © bei der Autorin

Bertram, Rüdiger: *Spuren im Schnee*. © beim Autor

Boie, Kirsten: *Der Heilige Tag*. Aus: Kirsten Boie: Alles ganz wunderbar weihnachtlich. © Verlag Friedrich Oetinger, Hamburg 2006

Brombacher, Mareike: *Das kleine rote Ahornblatt*. © bei der Autorin

Fröhlich, Anja: *Auf Schloss Schweinstein quiekt's!* © bei der Autorin

Funke, Cornelia: *Dünenschweine*. Aus: Cornelia Funke: Leselöwen-Strand-Geschichten. © Loewe Verlag GmbH, Bindlach 1999

Heger, Ann-Katrin: *Der Frühlingszauber*. © bei der Autorin

Klitzing, Maren von: *Der Frühlingsbote*. © bei der Autorin

Kummermehr, Petra: *Nichts für Angsthasen!* © bei der Autorin

Kyber, Manfred: *Der kleine Tannenbaum*. Aus: Gesammelte Tiergeschichten

Lindgren, Astrid: *Allerliebste Schwester*. Aus: Lindgren, Astrid: Im Wald sind keine Räuber, Verlag Friedrich Oetinger, Hamburg 1992

Ludwig, Katja: *Halloweenschnupfen*. © bei der Autorin

Luhn, Usch: *Sankt Martin*. © bei der Autorin

Maar, Paul: *Der doppelte Weihnachtsmann*. Aus: Barbara Homberg (Hrsg.): Warten auf Weihnachten. © Verlag Friedrich Oetinger, Hamburg 1978

Michaelis, Antonia: *Die erste Ernteschlacht in Gummistiefeln*. © bei der Autorin

Nöstlinger, Christine: *Wie der Franz den roten Tirolerputz bekam*. Aus: Christine Nöstlinger: Krankengeschichten vom Franz. © Verlag Friedrich Oetinger, Hamburg 1998

Reider, Katja: *Das Geheimnis der Haselnuss-Diebe*. © bei der Autorin

Rettich, Margret: *Eine Nikolausgeschichte* © 1986 und 2001 Verlag Carl Ueberreuter, Wien

Rose, Barbara: *Genau so muss Ostern sein!* © bei der Autorin

Scheffler, Ursel: *Auch Hexen brauchen Ferien*. © bei der Autorin

Schmitt, Petra Maria: *Wie aus einem Schneemann ein Schneeclown wurde*. © bei der Autorin

Schütze, Andrea: *Herbstschätze*. © bei der Autorin

Seidemann, Maria: *Die Maus will verreisen*. Aus: Hans Gärtner (Hrsg.): Das große Vorlesebuch für Kindergartenkinder. © Edition Bücherbär im Arena Verlag, Würzburg 1996

Steckelmann, Petra: *Endlich Ferien?*. © bei der Autorin

Talleur, Jan David: *Pia macht den Frühling*. © beim Autor

Vogel, Maja von: *Flaschenpost aus Australien*. Aus: Maja von Vogel: Kleine Strand-Geschichten zum Vorlesen. © ellermann im Dressler Verlag, Hamburg 2005

Lieder

Die Tiere feiern Karneval. Text und Melodie: Hans-Jürgen Bareiss. © Gustav Bosse Verlag, Kassel

Has', Has', Osterhas', Text: Paula Dehmel, Melodie: Richard Rudolf Klein, Aus: DAS LIEDERNEST, Band 1 © Fidula-Verlag, Boppard/Rhein

Scheint die helle Sonne. Text und Melodie: Heinz Lau, Aus: Gottfried Wolters »Das singende Jahr« © Möseler Verlag, Wolfenbüttel

Wir danken den Rechteinhabern und Verlagen für die freundliche Abdruckgenehmigung. Alle hier nicht aufgeführten Lieder und Gedichte sind Volksgut. Die Rechteinhaber, die nicht ermittelt werden konnten, wenden sich bitte an den Verlag.

Es war einmal …

Brüder Grimm – Die schönsten Märchen
für Groß und Klein
Einband und viele farbige Bilder
von Marc-Alexander Schulze
Ab 4 Jahren · 192 Seiten · ISBN 978-3-7707-2486-4

Was passiert, wenn süßer Brei wächst und wächst? Oder Hänsel und Gretel sich im Wald verlaufen?
Ganz klar: Kinder bekommen große Augen und warten gespannt darauf, dass am Ende doch
noch alles gut wird.
Dieses Buch fasziniert mit wunderschönen Märchen der Brüder Grimm und fantasievollen Bildern.

Das Hausbuch für die ganze Familie in edler Ausstattung mit Leinenrücken und Lesebändchen.
Weitere Informationen unter **www.ellermann.de**

Noch mehr wunderschöne Hausbücher für die ganze Familie

ISBN 978-3-7707-2468-0
Ab 3 Jahren

ISBN 978-3-7707-2464-2
Ab 4 Jahren

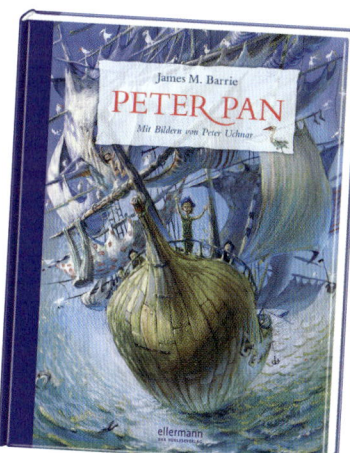

ISBN 978-3-7707-2493-2
Ab 6 Jahren

ISBN 978-3-7707-2486-4
Ab 4 Jahren

ISBN 978-3-7707-2505-2
Ab 5 Jahren

ISBN 978-3-7707-2121-4
Ab 5 Jahren

Weitere Informationen unter **www.ellermann.de**

ellermann
DER VORLESEVERLAG